Axel Santer

Kontern ohne Verlierer

... denn auch der Wind nimmt sich von selbst aus den Segeln

Leykam

Inhaltsverzeichnis

Hinweise:

In manchen Praxisbeispielen wurden Eigennamen und Berufssparten geändert. Wenn im Sinne des Leseflusses *der Gesprächspartner* in der männlichen Person erwähnt wird, ist natürlich das weibliche Geschlecht in gleicher Weise angesprochen.

Einführung

Warum ist gerade die erste Phase in einer sich anbahnenden Konfrontation so bedeutsam?

Die Antwort: Weil erregte Gemüter im Spiel sind, und weil was in diesem ersten Abschnitt verpatzt wird, im Nachhinein nicht mehr ungeschehen gemacht werden kann!
Dieses Buch beschäftigt sich mit Teilaspekten zwischenmenschlicher Kommunikation. Bezeichnenderweise sind es oft ähnliche Muster, die in einer gespannten Situation die Weichen stellen – sowohl im Berufsleben als auch privat.

Grundvoraussetzung jeder funktionierenden Kommunikation ist ein natürliches Auftreten ohne Maske. Als zum Beispiel der Regisseur eines Filmes, bei dem die Sängerin Norah Jones mitwirkte, draufkam, dass sie insgeheim Schauspielunterricht nahm, wollte er das auf gar keinen Fall. Sie sollte in ihrer Echtheit so bleiben, wie sie war. Das nehmen wir einer Person auch ab und so kommt sie am besten rüber! Keine komplizierten Satzkonstellationen, die nicht zur eigenen Sprache und Mundart passen. Auch keine zweideutige Kommunikation, die den Gesprächspartner verwirrt.

Die Gesprächsmitschnitte in diesem Buch dienen als Veranschaulichung und sind nicht zwangsläufig als Vorlage gedacht. Besser ist es, die tiefere Bedeutung hinter der Situation und die Wirkung menschlichen Verhaltens zu verstehen. Daraus ergibt sich die folgerichtige Reaktion und der perfekte Konter.

Ich setze auch voraus, dass es oft gar nicht nötig ist, eine Reaktion zu zeigen. Es gibt viele Situationen im Leben, die nur halb so ernst genommen werden sollten und eigentlich nicht einmal der Rede wert sind. Steht man hier als starke Persönlichkeit einfach drüber? – Oder lässt man sich in einen unsinnigen Sog hineinziehen?

Vieles lässt sich auch mit Humor regeln. Mitzulachen oder einen geschmackvollen Witz draufzusetzen, hat schon so manche explosive Stimmung wieder im Keim erstickt!

Ganz anders verhält es sich mit schweren Brocken, die einem vor die Füße gedonnert werden. Das soll und kann man oft gar nicht hinnehmen. Die Beziehung und sogar die eigene Gesundheit würden unter dem *Hineinfressen* leiden. Die Wogen glätten, heißt die Devise, wenn möglich noch am selben Tag!

Freilich geben wir uns nicht der Illusion hin, immer perfekt reagieren zu können. Wir sind Lernende – Tag für Tag. Und das soll auch Mut machen!

Ich wünsche Ihnen viel Freude beim Lesen. Denken Sie stets an sich und Ihr Umfeld, um herauszufinden, wo Sie sich wiederfinden.

Axel Santer

1.Teil:

DIE BASICS –

Grundlagen zum Thema Kontern

„Nicht jeder, der aus dem Rahmen fällt,
war vorher im Bilde.“

1. Der Mythos vom „Beruhigenwollen“

Viele glauben, sie seien in der Lage andere zu beruhigen und tun dies wohlmeinend mit den Worten: „Beruhigen Sie sich doch!“ Beruhigen ist jedoch eine zeitliche Komponente, die letztlich der Aufgebrachte selbst bestimmt. Niemand kann den Prozess der Abkühlung zeitlich überspringen.
Tut man's trotzdem, ist das Unheil vorprogrammiert!

Diesen Umstand machte mir folgende Erfahrung beim Kochen von Spaghetti deutlich.
Zur Vorgeschichte: Das Wasser erhitzte ein separater Wasserkocher; der Topf stand bereits auf der heißen Herdplatte. Danach sollte das Wasser vom Kocher in den Topf kommen und sehr schnell wieder am Siedepunkt angelangen. Leider war ich abgelenkt und vergaß auf die Küche. Das Wasser hatte folglich den Topf nie erreicht. Das Ergebnis traf mich wie ein Schlag beim nächsten Gang in die Küche!

Plötzlich stehe ich also mit dem glühend heißen Topf in der Hand da. Ich schau' mir den tiefrot glühenden Topfboden an. Er knackst und knistert wie eine gefährliche Waffe. Das Adrenalin versetzt mir einen Kick! Schnell – wohin mit dem Topf? Ah, der Untersatz dort scheint perfekt!

Im Nu beginnt es fürchterlich zu stinken. Der Untersatz ist aus Kork, das Eisen ist zu heiß für diese Baumrinde! Ich löse den Topf vom Kork und die ganze Fläche ist schwarz verkohlt. Korkreste kleben noch am Topfboden. Erst jetzt erkenne ich das Ausmaß der Hitze! Ab in das Spülbecken aus Metall ... hinein das Wasser aus dem Kocher ... und Zeit geben. Das Wasser kocht sofort auf. Nach etwa zwei Minuten ist der Spuk vorbei – durchatmen!

Die Quintessenz? Wenn Menschen wirklich aufgebracht sind und förmlich „glühen", ist das Wichtigste, einen kühlen Kopf zu bewahren. Neigt man dazu, dem anderen einen Platz zuzuweisen, von dem man selbst denkt, dass er dorthin gehört, verbessert das die Stimmung keineswegs. Beispiele:

- „Sei nicht so grantig!"
- „Mach doch aus der Mücke keinen Elefanten!"
- „Ich habe keinen Fehler gesehen!"
- „Was du immer hast!"
- und der Klassiker: „Beruhig dich doch endlich!"

Will jemand sein Gegenüber im Affekt zurechtweisen oder maßregeln, signalisiert er: „Ich bin der Vernünftigere von uns beiden. Du bist auf dem Holzweg und hast dich gerade nicht im Griff."
Genau das verschärft in diesem Moment die Situation. Es knistert ohnehin schon und jetzt stinkt es auch noch verbrannt!
Besser ist es, dem anderen Zeit und Möglichkeit einzuräumen, um sich selbst zu beruhigen.
Es gibt gute Techniken, um ihn genau dabei zu unterstützen. „Mit zischendem Geräusch" wird er sich auf einem Level einpendeln, welches ein konstruktives Gesprächsklima ermöglicht.

Also: Nicht das *„Beruhigenwollen"*, sondern das *„Beruhigenlassen"* ebnet den weiteren Weg.

2. Schlagfertigkeit auf dem Prüfstand

Im Büro eines Sachbearbeiters kommen neben dem vielen Papierkram etliche Kundenanrufe herein. Unter anderem ist ein Herr dran, der ziemlich schimpft! Der Gesichtsausdruck des Mitarbeiters ändert sich drastisch, als er erfolglos versucht, das Gespräch sachlich weiterzuführen. Schon bald reicht es ihm. Spontan sagt er zum Anrufer: „Herr Müller, achten Sie einmal bitte auf folgendes Geräusch“: ... *zack ... tuut ... tuut ... tuut ... tuut ... tuut*

Sie schmunzeln jetzt? Wahrscheinlich genauso, wie die Kollegen im Büro.
Das war echt schlagfertig – oder?
Auch wenn alle lachen, einer lacht nicht mehr – und auch nicht all jene, denen er es weitererzählt.
Das sind durchschnittlich nicht weniger als zehn Leute!

Der Begriff „Schlagfertigkeit“ ist eine Frage der Definition. Nimmt man‘s wörtlich, ist es die *Fertigkeit,* eine andere Person zu *schlagen*. Ein verbaler Boxkampf mit K.-o.-Sieg. Viele Leute verstehen tatsächlich genau das unter Schlagfertigkeit. Dass es Verlierer gibt, ist damit besiegelt. Und wer gewinnt? Genau betrachtet hat man nicht einmal selbst gewonnen. Ein solches Ereignis kann bereits die Stimmung für den Rest des Tages „versauern“. Dazu geistert der verloren gegangene Kunde durch den Kopf.

Ist ein verbaler Boxkampf tatsächlich die Lösung?

Freilich gibt es Situationen, in denen der andere durch humorvolle Schlagfertigkeit zum Lachen gebracht werden kann. Das betrifft jedoch keinesfalls heikle und hitzige Situationen, wo Sarkasmus destruktiv und zersetzend wirkt.

Kennen wir unser Gegenüber und dessen Naturell nicht, ist eine schlagfertige Scherz-Meldung aus dem Nichts heraus wohl ebenfalls ein riskantes Abenteuer.

Ich erinnere mich an einen Kollegen, der einmal in die Mittagspause gehen wollte. Auf dem Weg in den Pausenraum sprach ihn eine Kundin an: „Haben Sie *Zeit*?“ Er ganz trocken: „Ja, *Mahl-Zeit!*“, und ging einfach weiter.

Ich gebe zu, wir haben viel gelacht. Doch Hand aufs Herz: war das in Ordnung?

Beim intelligenten Kontern schätzen wir die Folgen ab. Einfühlsame Menschen denken weiter und berücksichtigen die zwischenmenschliche Komponente sowie den Umstand, mit welchem Beigeschmack die Gesprächspartner auseinandergehen.

3. Gebrauchsanweisung für unseren Sprechapparat

1. **Ohren spitzen**
2. **Hirn einschalten**
3. **Mund aufmachen**

Wir kennen diese Anleitung wohl. Wie gelingt uns die Umsetzung? Oft werden die ersten beiden Schritte stiefmütterlich behandelt.
Unsere Zunge ist ein kleines Organ, das unglaublich schnell sein kann, vielleicht schneller, als man es hinterher gewollt hätte. Einmal Gesagtes kann nicht mehr so mir nichts dir nichts zurückgenommen werden. Es ist wie eine aus dem Autofenster geworfene Zigarette, die einen ganzen Waldbrand auslöst. Der Schaden ist längst da. Dann gibt's nur noch Schadens-*Begrenzung.*

Viele sind der Ansicht, wenn jemand nicht *sofort* (innerhalb von vier Sekunden) kontert, hat er versagt.
„Ich bin doch nicht auf den Mund gefallen!", ist das Statement eines coolen und schlagfertigen Redekünstlers.
Aus diesem Drang heraus, schnell etwas sagen zu müssen, resultiert leider oft der falsche Konter, der dann noch zusätzlich Öl ins Feuer gießt!
Gibt es Alternativen? Etwa vorerst die Ohren aufzusperren und einfach nichts zu sagen? Was spricht dagegen?

Vorschnelles Kontern im Affekt hat oft die Situation noch zusätzlich verschärft. Gelassenheit bringt Vorteile!

Auch bei einer Reklamation ist es ein Fauxpas, wenn wir den Kunden nicht ausreden lassen und ihm gleich ins Wort fallen. Nachdem er seinen ganzen Frust abgeladen hat, sind natürlich wir diejenigen, die für ihn augenblicklich da sein sollten. Da gibt es keinen Rede-Aufschub mehr.

Betrifft es allerdings den häuslichen Bereich oder den Arbeitsplatz, das heißt Leute, die sowieso ständig um uns herum sind, ist es häufig ein Gewinn, einfach zusätzlich Zeit verstreichen zu lassen. Das bedeutet nicht, dass wir den, der uns etwas an den Kopf wirft, notwendigerweise bestrafen, indem wir ihn ignorieren oder gar wie Luft behandeln. Wichtig dabei ist stets zu signalisieren: „Ich höre dir jetzt gut zu." Ein aufmerksamer Blick, verständiges Nicken, ein nachdenkliches Gesicht.

Im ersten Moment nichts zu sagen hat folgende Vorteile:

- Zeitgewinn, damit sich der andere abkühlen kann
- Zeitgewinn, um unkontrolliertes, sarkastisches Kontern auszuschließen
- Zeitgewinn um den perfekten einfühlsamen Konter zu finden
- Positive Signalwirkung beim Wiedereinstieg: „Ich habe mir in der Zwischenzeit Gedanken gemacht."

Zusammenfassung von Teil 1:

- Nicht „beruhigen wollen“, sondern „beruhigen lassen“ funktioniert tatsächlich.
- Erhitzte Gemüter brauchen etwas Zeit, um sich wieder abzukühlen.
- Schlagfertigkeit wird oft missbraucht, um andere bloßzustellen oder ihnen eins auszuwischen.
- Was einmal in unverantwortlicher Weise gesagt wurde, kann nicht mehr ungesagt gemacht werden.
- Auch nach verstrichenen vier Sekunden noch nichts zu sagen, ist keine verlorene Schlacht, sondern in manchen Situationen sogar klüger!

Gewaltfreies Kontern ist der intelligentere Weg, vorausschauend zu handeln!

2.Teil:

ALLES EINSTELLUNSSACHE

„Nehmen Sie die Menschen, wie sie sind – andere gibt es nicht.“ Konrad Adenauer

4. Moralisch-ethische Grundsatzfrage

Vor etwa 2000 Jahren sagte Jesus Christus bereits: „Alles nun, was ihr wollt, das euch die Leute tun sollen, das tut ihnen auch.“

Diese sogenannte „goldene Regel“ appelliert an den aktiven Moral-Kern: Einfühlung, Gegenseitigkeit und Folgenbewusstsein.
Der Umkehrschluss lautet: „Was du nicht willst, das man dir tu, das füg auch keinem anderen zu.“ Klingt diese passive Variante immer noch schwierig genug?

Viele Leute zahlen es lieber mit gleicher Münze heim nach dem Motto: „Wie du mir, so ich dir.“ Zudem bleibt es oft gar nicht bei einem ausbalancierten Racheakt. Die Tendenz, noch eins draufzusetzen, bringt den Kriegsmechanismus ins Rollen: „Wenn du mir einen Schuss vor den Bug gibst, platziere ich meine Bombe in deiner Kajüte!“
Wenn dann keiner von beiden klug genug ist, diesen Mechanismus zu unterbrechen ist endgültig die „Kacke am Dampfen“ – so der Volksmund.

Einige Beispiele zum besseren Verständnis worum es geht:

- „Herr Mayr, Sie haben wieder mal nicht zugehört!“ **„Logisch, weil meine Ohren nur auf intelligente Botschaften reagieren.“**

- „Du … (Schimpfwort)!“ **„Da falle ich ja in deiner Umgebung nicht weiter auf.“**
- „Haben Sie keine Augen im Kopf?“ ***„Wenn ich Sie anschaue wäre mir lieber, ich hätte keine.“***

Beim Thema *Schlagfertigkeit* geht es den meisten darum, sich keine Blöße zu geben und gut dazustehen – allerdings meist ohne Rücksicht auf Verluste.
Doch wer gewohnheitsmäßig mit gehässigen und bissigen Rundumschlägen kontert, erlangt der dann wirklich dieses Ansehen?
Oder viel mehr eine üble Nachrede und hausgemachte Konflikte? Steht dieser tatsächlich *gut* da? Oder ganz plötzlich ohne Freunde?

Was nützt schon ein schöner Blumengarten vor dem Haus, wenn im Keller die Leichen herumliegen! Das Bezwingen von Gemeinheiten anderer mit Feindseligkeiten unsererseits schafft fast automatisch Verlierer.

Lieber Leser, liebe Leserin, wahrscheinlich wissen Sie das ohnehin aus eigener Erfahrung. Sie brauchen nur daran zu denken, welche Verhaltensweisen anderer uns selbst gut tun und welche das Gegenteil bewirken. Und schon sind wir wieder bei der goldenen Regel.

Kriegsmechanismus: „Wenn du mir einen Schuss vor den Bug gibst, platziere ich meine Bombe in deiner Kajüte!“

Der folgende Beitrag ist kein Witz, sondern vom Leben geschrieben:

Im Supermarkt benehmen sich zwei Kinder ganz unmöglich. Die Mutter rechtfertigt sich vor einem genervten Kunden: „Wissen Sie, meine Kinder sind antiautoritär erzogen." Der Kunde nimmt kurzerhand ein Ei und zerschlägt es auf ihrem Kopf. „ Was war das denn?", fragt sie erstaunt.
Kunde: „Ich bin auch antiautoritär erzogen worden!"

Auch wenn das aus therapeutischer Sicht nicht grundverkehrt klingt, orientiert sich der souveräne Auftritt in der Öffentlichkeit klar an erhabeneren Werten. Zum Glück gibt es auch bessere Möglichkeiten, gespannte Situation in den Griff zu bekommen, ohne dabei gleich die Menschlichkeit über Bord werfen zu müssen.

Verletzen wir noch oder gewinnen wir bereits?

Alles schön und gut … wäre da nicht noch die Sache mit dem „Persönlichnehmen", dem Umstand, dass wir uns oft ganz tief drinnen getroffen fühlen!

Warum ist das so?
Und warum bringt das viele endgültig aus der Fassung?

5. Sind wir gute Blitzableiter?

- „Du hast immer nur deine Sachen im Sinn.
  Du bist ein Egoist!“
- „Mir reicht es jetzt mit Ihrem Saftladen.
  Stornieren Sie auf der Stelle die Bestellung!“

Wenn ich etwas persönlich nehme, beziehe ich eine negative Botschaft auf mich selbst und werte diese als persönlichen Angriff. Das gleicht einem folgenschweren Blitzeinschlag.

Welche Ursachen gibt es fürs *Persönlich nehmen*?

1. *Ich neige dazu, etwas persönlich zu nehmen, wenn es im Grunde stimmt, was da gesagt wird, aber will ich es einfach nicht wahrhaben ... das trifft mich mitten ins Herz!*

   Dies ist eine Sache der Persönlichkeit: Wer viel Selbstzweifel oder ein mangelndes Selbstwertgefühl hat, fühlt sich leichter angegriffen, als jemand, der mit beiden Beinen fest im Leben steht. Falls ich Schuld habe, werde ich zu dieser Sache stehen müssen. Trotzdem ist das kein Freibrief für verbale Beleidigungen.

2. *Ich habe das ernsthafte Gefühl, dass der andere tatsächlich etwas persönlich gegen mich hat und sehe die achtungsvolle Beziehung in Gefahr.*

Falls es „persönlich“ gemeint war, und es mir so richtig in die Nieren fährt - sollte ich auch darüber reden. Ob diese Annahme tatsächlich stimmt, können wir wiederum nur durch Fragen herausfinden.

- „Ist da etwas zwischen uns?“
- „Es liegt irgendetwas in der Luft, sollten wir darüber reden?“

... und hier die Königs-Frage zur Ursachenforschung:

- „Was veranlasst dich zu dieser Aussage?“

3. *Ich nehme etwas persönlich, weil mein Einfühlungsvermögen nicht ausreicht, um den Grund für diese momentane Entgleisung meines erregten Mitmenschen zu hinterfragen.*

   Das hat mit Empathie zu tun! Wir fragen uns:

   - Was ist ihm wohl heute schon über die Leber gelaufen?
   - Was könnte für seine momentane Verstimmung verantwortlich sein?

Das ähnelt einem drohenden Gewitter. Die Spannung ist in die Wolken geschrieben. Wo wird sie sich entladen? Zufällig steht gerade mein Haus da. Nehme ich es persönlich ist „Feuer am Dach“. Habe ich einen intakten Blitzableiter installiert, werde ich diese negative Energie von mir ableiten und in die Erde schicken. Dann ist nichts passiert!

Die spannungsgeladene Stimmung ist oft nur zufällig genau über uns und hat dann nichts mit uns persönlich zu tun!

Die Frage ist also: Woher kommen die Gewitterwolken? Was kann diese geladene Situation verursacht haben?

Einige Beispiele:

- „mit dem falschen Fuß aufgestanden“
- viel Stress
- Hiobsbotschaft gerade am Handy erfahren
- schlechte Erfahrungen mit dem Unternehmen
- Verkettung von Problemen mit diesem Produkt
- *Übertragung:* Ich erinnere den anderen an eine unsympathische Person aus seinem Bekanntenkreis.
- Vergangenheitsbewältigung, Kindheitserinnerungen
- Depressionen
- belastendes Biowetter
- krankhafte, cholerische Überreaktion

Auch wenn wir den Grund nicht genau kennen - verbinden wir die vorhandene Spannung mit einer imaginären Ursache, fühlen wir uns als Person gleich besser!

Haben wir denn selbst nie einen schlechten Tag?
Wer ist schon immun dagegen?
Gestehen wir das doch auch anderen zu.
Konzentrieren wir uns mehr auf das, *was* gesagt wird und weniger auf das, *wie* es in diesem Moment gesagt wird – das ist bestimmt unverfänglicher!

6. Deine Welt und meine Welt

Was verhilft noch zu einer gelasseneren Einstellung gegenüber einer schwer verdaulichen Botschaft oder einem Verhalten, das wir momentan nicht nachvollziehen können?
Auch wenn es widersinnig klingt, es ist **Toleranz!**
Haben wir schon einmal daran gedacht, dass sich jeder sein eigenes Weltbild konstruiert?
Was für den einen normal und selbstverständlich ist, ist für den anderen absoluter Nonsens oder gar empörend.
Wer kennt nicht den alten geistreichen Spruch, der den Unterschied zwischen einem Optimisten und Pessimisten verdeutlicht. Der Gegensatz liegt allein in der Betrachtungsweise eines halbvollen bzw. halbleeren Wasserglases.

Einige Beispiele sollen Unterschiede in der Sichtweise der Menschen verdeutlichen:

Erziehung:
Während des Essens sagt die Frau unverblümt zum Mann: „Du schmatzt." Der Mann ärgert sich jedes Mal wieder, und versteht diese Kritik in den eigenen vier Wänden aber nicht.
Für sie ist dieses Glucksen der Speise- und Speichelflüssigkeiten bei leicht geöffnetem Mund hochgradig unangenehm. Von frühester Kindheit an erwartete man von ihr, mit geschlossenem Mund zu kauen.

Kultureller Hintergrund:

In die Augen schauen, dazu ein Händedruck ist in der westlichen Welt eine alltägliche Höflichkeitsgeste. In der islamischen Kultur wird dasselbe Verhalten eines Mannes gegenüber einer Frau als sexuell anzüglich und anstößig empfunden. Dasselbe gilt für das Handzeichen mit gestrecktem Daumen nach oben. Das wird in manchen Kulturkreisen weder als Zahl eins noch als O.K. verstanden – es entspricht der uns bekannten, sogenannten Stinkefinger-Geste.

Bedeutungsvariation und Interpretation

Per E-Mail bekam ich von einem Freund einen netten Wink. Ich hätte jetzt grünes Licht, um eine bestimmte Personenliste fertigzustellen. Als ich frisch zur Tat schreiten wollte, schrieb ich ohne lange nachzudenken umgangssprachlich zurück: „Danke, ich weiß, was ich *zu tun* habe", im Sinne von: „Mir ist klar, womit ich die nächste Stunde verbringen werde."

Schon bald kam ein verblüffendes Mail zurück. Da stand etwas von: „Natürlich weißt du das" und „ich wollte dir nicht zu nahe treten." Vorerst stiegen Fragezeichen in mir hoch, doch schon bald begriff ich, was in seiner Welt gerade vor sich ging. Denn wenn ich energisch sage: *„Ich weiß*, was ich zu tun habe", im Sinne von: „Ich brauch mir von dir nichts sagen zu lassen", ist die Reaktion nur verständlich. Das Missverständnis konnten wir klären.

Wir Mensch leben in unserer selbstkonstruierten Welt. Die Sichtweise des anderen ist in der eigenen Gedankenwelt anfangs oft gar nicht nachvollziehbar.

Reizworte

Frau Sigl erwähnte gegen Ende einer Diskussion mit dem Chef, dass sie sich ab und zu ein paar anerkennende Worte und Lob wünschen würde. Blitzartig kippt die Stimmung beim Chef: „Lob! Lob! Wenn ich das schon höre! ... Ich sage ja eh immer... außerdem: mich lobt ja auch niemand." Das Wort *Lob* hat negative Assoziationen und Erinnerungen wachgerufen. Diese können bis in die Kindheit zurückreichen.

In ähnlicher Weise gibt es viele Reizworte, die wir bei unseren Mitmenschen entdecken werden. Sie sehen plötzlich rot, und wir wissen nicht warum.

Achten wir doch einmal auf unsere eigenen Reizworte.

Wenn wir uns stets vergegenwärtigen, dass sich jeder Mensch – wir selbst eingeschlossen – seine eigene Wirklichkeit konstruiert, sind wir toleranter!

Toleranz ist das, was in der Praxis vielfach vermisst, aber dringend gebraucht wird, um ein fremdes Weltbild zuzulassen.

Auf den berühmten „grünen Zweig" kommt man durch das „Aushandeln" eines Konsenses mit anderen.

Ich erinnere nochmals an die Worte von Konrad Adenauer: „Nehmen Sie die Menschen, wie sie sind – andere gibt es nicht."

Zusammenfassung von Teil 2

- „Wie du mir, so ich dir“ ist in der Regel nicht ratsam und kein Gewinnermodell.
- Wie schnell wir uns aus der Fassung bringen lassen, zeigt an, wie gefestigt unsere Persönlichkeit ist.
- Oft sind es äußere Umstände, die eine geladene Stimmung erzeugen – das hat meist gar nichts mit uns persönlich zu tun.
- Das Bewusstsein für externe Gründe einer Spannung verhilft uns zu einer gelasseneren Einstellung.
- Menschen konstruieren sich ihre eigene Wirklichkeit. Das Ergebnis mag auf uns „seltsam“ und unerklärlich wirken. Toleranz baut Brücken.

Unsere Einstellung
können wir frei wählen!

3.Teil:

DIE SOFT SKILLS – Konter-werkzeuge mit *Cool-down-Effekt*

„Man kann einen Menschen nichts lehren, man kann ihm nur helfen, es in sich selbst zu entdecken.“ ***Galileo Galilei***

7. Die Kraft des Spiegels

Wenn eine Katze in einen Spiegel schaut, denkt sie womöglich an den Erzfeind, macht einen riesigen Katzenbuckel und faucht wie ein kleiner Drache! Wenn ein normaler Mensch in den Spiegel schaut, wird er wohl kaum sein Spiegelbild als Feindbild anfauchen. Der Mensch erkennt sich selbst und ist sogar geneigt, Verbesserungen vorzunehmen, an Frisur, Bart, Teint, Make-up usw.
Was bei Katzen nicht funktioniert, ist unter Menschen eine sehr nützliche Eigenschaft.

Wir reflektieren, wie die andere Person und deren Botschaft bei uns ankommen. Dieses Feedback hilft dem Sender zu erkennen, wie er dran ist, und was er damit erreicht oder bewirkt.

Strategien: ***den Spiegel vorhalten*** und ***Spiegeln***

1. Den Spiegel vorhalten

Oft ist sich die Person gar nicht bewusst, wie ihre Worte auf uns wirken. Können wir dem Gesprächspartner durch einen flüchtigen Blick in den Spiegel helfen, sich in seiner garstigen Art wiederzuerkennen? Diese schockierende Feststellung wirkt wie ein riesiger Pickel mitten im Gesicht!

Ein knapper Konter in wohldosierter Lautstärke wirkt ernüchternd:

- „Du bist gereizt."
- „Der Ton irritiert mich."
- „Eine ungute Stimmung liegt in der Luft."
- „Sie schreien."

Falls sich ein Mensch aus unkontrolliertem Zorn heraus in seiner Wortwahl unsagbar vergreifen sollte, ist die **5-Sekunden-Pause** eine wahre Wunderwaffe. Schauen Sie ihm ohne ein Wort zu sagen mit einem etwas traurig-nachdenklichen Blick tief in die Augen. Dadurch wird er angehalten über seine Aussage nachzudenken, und es entsteht eine etwas peinlich berührte Stimmung.
Einen ähnlichen Effekt hat die **lustlose Wiederholung:** die Wiedergabe seiner eigenen Worte, etwas leiser mit abfallender Tonhöhe gegen Satzende.
Auch mit der Frage: „Können Sie bitte wiederholen, was Sie gerade gesagt haben?", wird ihm womöglich bewusst, *was* er da gesagt hat und neigt dazu, seine Aussage abzuschwächen. Jedenfalls immer schön Blickkontakt halten!

Außer diesen *flüchtig*en Blick in den Spiegel können wir auch ganze Situationen und komplexe Sachverhalte zurückspiegeln.
Wichtig dabei ist, das Spiegelbild nicht zu verzerren. Verformte Zerrspiegel, wie sie früher auf Jahrmärkten zur Belustigung der Betrachter eingesetzt wurden, geben nur bizarre Effekte wieder, jedoch nicht die Wirklichkeit selbst.

Das eigene Spiegelbild liefert für viele den Anstoß zur Veränderung!

Beim Betrachter drängt sich der Gedanke auf: „Das bin doch gar nicht ich!“ Lassen wir daher in dieser Phase unsere persönliche Bewertung aus dem Spiel und geben wir schlichtweg *nicht* unseren „Senf“ dazu. Denn nur ein unverfälschtes Spiegelbild ist für den Betrachter annehmbar.

2. Spiegeln

Spiegeln ist eine ausgezeichnete Methode, die anzeigt, wie dessen Äußerung samt Emotionen bei uns ankommt. Wer aktiv zuhört, signalisiert das mit: „Aha“, „mhm“, „ja“, „verstehe“ usw.

Ausschlaggebend ist ja bekanntlich nicht, was A sagt, sondern was B versteht oder interpretiert.

Beim typischen *Spiegeln* wiederholt man daher die offenkundige Bedeutung und kleidet sie in eigene Worte: „Wenn ich Sie richtig verstehe, dann ...“.

Dadurch lässt sich eine falsche Interpretation sofort ausräumen, was für den weiteren Gesprächsverlauf günstig ist. Vor allem aber merkt der andere: „Ah, der hat mich tatsächlich verstanden“, „Ich werde ernst genommen!“ Das tut einer Person, die emotional durcheinander ist, so richtig gut!

8. „Tut mir leid!“?

„Herr Schneider, haben Sie den Reparatur-Auftrag von Frau Dr. Gassner bearbeitet?“ „Warum denn?“
„Bei den hinteren Trommelbremsen haben die Selbstnachsteller samt Federn gefehlt – die Bremswirkung ist gleich Null!!!“
„Ach so? Naja – ist eh nur die Frau Doktor – die hat sicher gute Beziehungen im Krankenhaus.“
„Herr Schneider!!! *(mit ernster Miene)* Frau Dr. Gassner ist eine Stammkundin!“
„Ja, ich weiß ... jedem kann mal was passieren ... denken Sie, dass bei uns alle wissen, wie das mit dem Rechts- und Linksgewinde so genau funktioniert?“

Wir Menschen haben in der Regel ein sehr ausgeprägtes Gerechtigkeitsempfinden. Widerfährt einem Unrecht, entsteht fast automatisch der Ruf nach Entschuldigung. Wenn in dieser Situation jedoch ein cooler Spruch oder ein plumper Rechtfertigungsversuch kommt, ist es endgültig vorbei!

Wenn *wir* an einer Sache Schuld haben, dann ist auch eine Entschuldigung fällig!
Wir sagen zum Beispiel: „Tut mir leid, da habe ich offenbar einen Fehler gemacht.“ Fällt uns jetzt eine Perle aus der Krone? Etwa zu viel verlangt? Selbst Barak Obama entschuldigte sich in Interviews gegenüber 5 TV-Stationen für einen Minister-Fehlgriff mit „I am sorry“.

Diese Art Demut oder Fügsamkeit zeugt von Charakter, und wir machen es anderen dadurch einfacher, nachsichtig zu sein. Vergebung ist ohnehin schon schwer genug, doch jetzt fühlen sich unsere toleranten Zeitgenossen wieder besser, weil das Vergeben von *ihrer* Gnade abhängig war.
Auch unsere Kinder lernen sich nur dann zu entschuldigen, wenn wir als Eltern mit „..tschuldigung!" führend vorangehen – denn welche Eltern sind schon perfekt?

Was ist, wenn wir an einer Situation jedoch gar nicht schuld sind, sondern jemand anders?
Dann ist es trotzdem nicht schlau, gleich mit den Worten zu kontern:
„Hey - Stopp – das war ich nicht!" oder
„Erzählen Sie das gefälligst dem, den es wirklich betrifft."

Ist es möglich „es tut mir leid" zu sagen, ohne sich dabei die Schuld einzugestehen? Natürlich!
Wenn es mir für die andere Person leid tut, das heißt, wenn ich Mitleid bekunde, bedeutet das nicht, dass ich selbst automatisch die Schuld trage.

Außerdem könnten wir uns einen fiktiven *Sündenbock* suchen. Woher kommt diese Metapher ursprünglich?
Im Orient wurde eine Ziege in die Wüste geschickt, trug also symbolisch die Sünden des ganzen Volkes weg und verschwand damit.
Natürlich schicken wir nicht buchstäblich den Ehepartner, Mitarbeiter oder Lehrling in die Wüste. Auch gebrauchen wir keine fadenscheinigen Ausreden.

*Der **allgemeine** Sündenbock darf herhalten, wenn wir tatsächlich nicht selbst schuld sind.*

Die Frage ist daher: Welchen *allgemeinen* Sündenbock können wir in die Wüste schicken (ohne Namen nennen zu müssen)? Vorschläge aus der Praxis:

- „Sorry! Ist echt *dumm gelaufen*."
- „Es tut mir leid für *die Umstände*, die Sie hatten."
- „Entschuldigen Sie, dass wir *als Abteilung* kein gutes Gesamtbild abgegeben haben."
- „*Im Namen des Unternehmens* bitte ich Sie um Verzeihung für dieses Versehen."

Und wenn dieser Jemand uns persönlich anpöbelt und dabei „aufgeht wie ein Germteig"? Vielleicht gelingt es uns, seine Augen für eine bessere Beziehung zu öffnen. Versuchen wir es mit:

- Auch wenn ich mir persönlich keiner Schuld bewusst bin, helfe ich Ihnen natürlich gerne weiter."
- „Auch wenn ich – wie Sie wissen – nicht unmittelbar daran beteiligt war, fühle ich mich trotzdem für Sie zuständig."

Meistens lenkt dieser mit den Worten ein: „Ich weiß, Sie können eh nichts dafür." Das Gespräch verlagert sich auf die Sache selbst und die Stimmung wird besser.

Aufgebrachte Leute, die sich übervorteilt fühlen, wollen gerecht behandelt werden und lechzen nach entschuldigenden Worten. Geben wir ihnen dieses Gefühl, legt sich auch der Sturm.

9. Fremdeinfühlung – Was ist ihm wichtig?

**Empathie ist die Fähigkeit, sich in die Gedanken, Gefühle und Bedürfnisse anderer Menschen einzufühlen.
Das tut gut!**

Wie wir im Kapitel 6 gesehen haben, hat jeder Mensch seinen ganz persönlichen Zugang zu den Dingen. Wir können die Maßstäbe aus unserer eigenen konstruierten Welt nicht automatisch auf andere umlegen. Daher wird zuverlässige Empathie nur funktionieren, wenn wir auch nachfragen, wie es denn in der Welt des anderen aussieht. Die ideale Empathie-Frage ist eine offene Frage: „Du wirkst auf mich irgendwie traurig, darf ich fragen was los ist?"
Die Frage richtet sich nach dem Bedürfnis hinter den Gedanken und Gefühlen.

Äußern wir unsere eigene Vermutung, welches Bedürfnis dabei unerfüllt geblieben ist, ist das ein Einfühlungsversuch. Ob unsere Vermutung stimmt, wissen wir noch nicht. Was zählt, ist der gute Beweggrund. Die Chancen auf „Abkühlung" stehen gut.

Die Scheidungsrichterin trifft mit einem problembeladenen Ehepaar zusammen. Der Mann ist völlig aufgebracht, schimpft verärgert über seine Frau und sagt unverhohlen: „Sie ist eine Hure!"

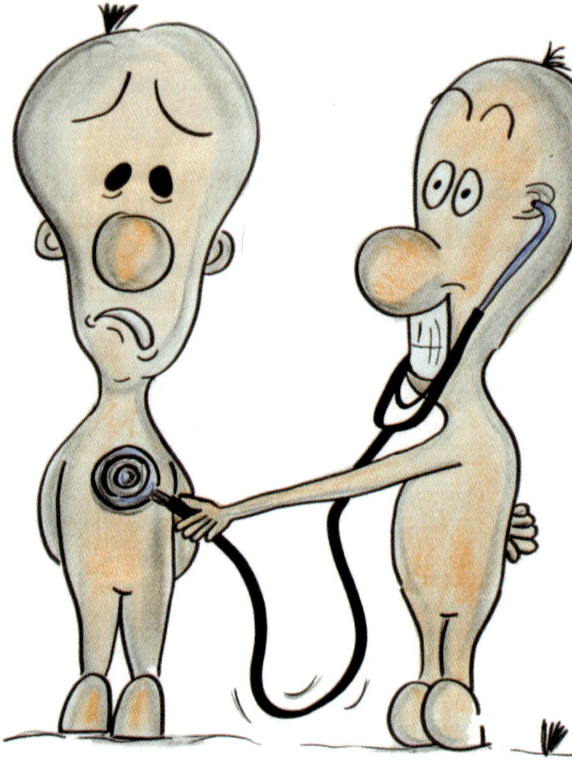

Fremdeinfühlung: Verstehen wir die inneren Bedürfnisse unserer Zeitgenossen, d. h. was ihnen wichtig ist?

Die Richterin wirkt gelassen, versucht den Hintergrund dieser Aussage zu erfahren und probiert es mit den Worten: „Gehe ich recht in der Annahme, dass Treue für Sie wichtig ist?“
Der Mann ist überrascht über diese rücksichtsvollen Worte und beruhigt sich allmählich wieder.
(Um keine Parteilichkeit zu signalisieren, sind auch die Ansichten und Bedürfnisse der Frau maßgebend.)

Grundsätzlich gilt: ich hinterfrage das Bedürfnis, bis ich verstehe, was der anderen Person wirklich wichtig ist.

- „Was genau wünschst du dir?“
- „Welches Bedürfnis hast du dabei? Lass mich doch bitte mitdenken.“
- „Was brauchst du, damit du aufhörst?“
- „Was ist dir wirklich wichtig?“

Wie benennt man diese Bedürfnisse? Eine kleine Auswahl:

Anerkennung, Unterstützung,
Mitspracherecht,
Ordnung, Pünktlichkeit,
Offenheit, Vertrauen,
Toleranz, Respekt,
Ehrlichkeit, Fairness

Haben wir die wahre Ursache einer Missstimmung herausgefunden, brauchen wir überhaupt nicht am Segel zu manipulieren – wir beschäftigen uns direkt mit dem Wetter.

Noch ein Beispiel zur Veranschaulichung:

„Du entscheidest immer alles selbst!“, *schleudert Tina Alex übelgelaunt ins Gesicht.*
Alex: „Ich merke, wie unzufrieden du bist. *(Spiegeln – S. 36)* Was genau wünschst du dir?“ *(Fremdeinfühlung)*
Tina: „Hauptsache du hast wieder einmal, was *du* willst.“
Nachdem die Frage nun mit einer zweiten Anschuldigung geahndet wurde, versucht es Alex, indem er ein denkbares Bedürfnis anspricht:
„Kann es sein, dass dir mehr Mitsprache in dieser Sache wichtiger ist, als ich angenommen hatte?“
Tina: „Nein, ich hätte dir wahrscheinlich eh nichts drein geredet.“
Alex: „Was ist es dann? Ich möchte es wirklich wissen.“
Tina: „Es geht mir ums Prinzip! Ich möchte einfach vorher davon erfahren – das ist alles.“

Schaffen wir es, den nackten Zeigefinger unserer anschuldigenden Mitmenschen zu ignorieren und hinter die Botschaft zu blicken, tritt bei unserem Gegenüber ein gewisser Verblüffungseffekt ein. Der andere denkt sich: „Hoppla, der versucht, meine Empfindungen und Bedürfnisse zu verstehen und ist auch noch nett zu mir!“
Na, wenn das die Wogen nicht glätten wird!

10. Selbsteinfühlung – Sag, wie's dir geht!

Der Trainer ist aus Wien angereist und freut sich bereits auf das Seminar. Als die Führungskräfte eintreffen, merkt er eine gewisse Verstimmtheit unter den Teilnehmern. Es dauert nicht lange und ein Sprecher verkündet, sie hätten sich gerade beratschlagt, wie sie dieses Seminar zum Platzen bringen können. Betroffen fragt der Trainer nach dem Grund dafür. Er erfährt, dass sie allesamt kürzlich ein provokantes, abschätziges E-Mail vom Ober-Boss bekommen hätten, welches sie zur Anwesenheit verpflichtet hatte!
Der Trainer hört sich geduldig ihre Ausführungen an. Plötzlich schwenkt er um: „Ich bin offengestanden auch sehr enttäuscht! Ich bin extra über 300 km weit gefahren und habe mich auf diesen Tag mit euch schon sehr gefreut, und jetzt das!“ Er erzählt ihnen frei heraus, wie es ihm gerade geht, kehrt seine Gefühlswelt nach außen.
Daraufhin lenken sie allmählich ein. Der Vormittag gestaltet sich zwar noch etwas mühsam, dennoch hat dieser Trainingstag erfolgreich stattgefunden.

Viele Menschen haben nie gelernt, über ihre Gefühle und ihre Anliegen zu sprechen. Es ist gar nicht so einfach, seine Empfindungen in eigene Worte zu kleiden, wenn man darin nicht geübt ist.

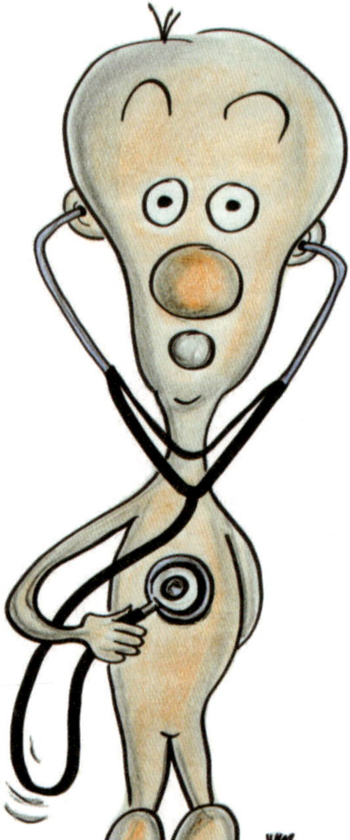

Selbsteinfühlung: Können wir das, was da drinnen los ist, auch in eigene Worte kleiden?

Der Vorteil, wenn man seine Gefühle „outet", ist, dass man den Spieß einfach umdreht und *andere* zur Empathie bewegen kann. Kaum jemand wird eine betroffene und irritierte Person links liegen oder gar in schroffer Weise abblitzen lassen.

Bei meiner 4-jährigen Tochter erlebte ich oft, wie meine Selbstkundgabe, „ich bin wirklich traurig", Wirkung zeigte. Bei jedem „du sollst ...", „du darfst nicht ..." oder „mach endlich ..." baute sich förmlich eine Wand auf. Jeder scharfe Appell heizte die negative Stimmung nur noch zusätzlich an. Bei dem Wort über meine Traurigkeit hingegen kam sie einfühlsam angekrochen und tat aus freien Stücken heraus das Richtige, um mich nicht zu enttäuschen. Sie fragte sogar noch betroffen: „Bist du jetzt wieder glücklich?"

Wie benennen wir nun unsere Gefühle in einer kritischen Phase? Hier einige Beispiele:

„Ich bin ..." oder „Ich fühle mich ..."

verärgert, angespannt, sauer,
besorgt, betroffen, verletzt,
irritiert, verwirrt, durcheinander,
traurig, enttäuscht,
frustriert, verzweifelt,
geschockt, kraftlos, nicht gut drauf ...

Jetzt brauchen wir nur noch zu sagen, *warum* wir uns so fühlen. Das hängt mit unseren Werten und Bedürfnissen zusammen. Diese Begründung für die eigenen Gefühle finden wir wiederum mit der Frage heraus: „Was ist mir dabei wirklich wichtig?" *(Vergleiche Werte von S. 43)*
Ein abschließendes Beispiel:

Roman ist völlig genervt, weil er seine Computerprobleme nicht in den Griff bekommt. Langsam nervt er damit auch seinen Kollegen *Christian*. Dieser sitzt jedoch selbst bei einer wichtigen Arbeit. Roman bringt Christian drei Mal hintereinander völlig aus dem Konzept.

Christian: „Ich bin gerade mitten in eine wirklich wichtige Arbeit vertieft und werde dabei wiederholt unterbrochen *(vorgehaltener Spiegel)*. Tut mir leid, wenn ich im Moment nicht kann *(Entschuldigung)*.
Ich bin schon ganz **durcheinander** *(Empfindung)*. Ich möchte jetzt gerne **bei der Sache bleiben** *(Bedürfnis)*. So gegen 11.00 Uhr geht's übrigens wieder besser *(indirekte Bitte)*."
Roman: „Entschuldige bitte, das hab' ich ja nicht gewusst – ich komme dann später wieder."
Christian: „Danke!"

Was klingt besser? Das .... oder:
„He, was soll das? Du störst mich ständig!" oder
„Nicht nur dein Blechtrottel, sondern auch du brauchst langsam einen Seelenklempner!"
Urteilen Sie selbst.

11. Die *überspitzte* Beziehungs-Frage

Der Kunde wartet ungeduldig, während sein Fahrrad repariert wird. Bei der Übergabe schnauzt er den Mechaniker an: „Ihr braucht immer so lange! Ich sollte schon längst wieder bei einem Termin sein!“

Jetzt gibt es mehrere Konter-Möglichkeiten mit „Cool-down-Effekt“:

- *Spiegeln:* „Wenn ich Sie richtig verstehe, sind Sie von 10 Minuten ausgegangen.“
- *Entschuldigung:* „Tut mir leid – die Reparatur war einfach schwieriger als angenommen.“
- *Fremdeinfühlungsversuch:* „Ist es möglich, dass Sie heute überhaupt keinen Spielraum haben und jede Minute für Sie kostbar ist?“
- *Selbsteinfühlung:* „Offengestanden habe ich mich bemüht, Ihr Fahrrad gewissenhaft zu reparieren. Jetzt habe ich das gute Gefühl, dass auch alles passt!“

Im Laufe meiner Tätigkeit habe ich einiges ausprobiert und dabei auch mit kreativen Konter-Methoden experimentiert. Bei jeder Aussage schwingt bekanntlich eine Portion *Beziehung* mit. Immer wieder machte ich gute Erfahrungen mit Übertreibungen auf dieser Beziehungsebene. Ich thematisiere, wie wir in dieser Sache zueinander stehen!

So kam es zur Entwicklung der ***überspitzten Beziehungs-Frage***, die sich mit „Du denkst ...?" oder „Sie denken ...?" einleiten lässt. In unserem konkreten Fall bedeutet das:
Kunde: „Ihr braucht immer so lange! Ich sollte schon längst wieder bei einem Termin sein!"
Mechaniker (nachdenklich mit Stirnrunzeln):
„Sie denken, ich habe Sie *absichtlich hingehalten*?"
Kunde (schwenkt um): „Nein, natürlich nicht ... Es ist nur, ich habe heute einfach viel Stress."

Was passiert hier?
Die offen angesprochene Beziehungsseite („Wie stehen wir zueinander, und was halte ich von dir?") ist für viele ein Tabuthema. Die normale Beziehungsseite lautet in diesem Fall: „Sie denken, ich habe mir zu viel Zeit gelassen?"
Wenn wir jetzt noch diese Aussage übertreiben oder *überspitzen* sind wir bei:
„Sie denken, ich habe Sie *absichtlich hingehalten*?"
Diese überzogene Darstellung würde der Kunde so nicht formulieren und dementiert schleunigst selbst diese Aussage, die wir im Grunde nur zur Klärung in den Raum stellen.

Die Methode der *überspitzten Beziehungs-Frage* wirkt Wunder! Die andere Person fühlt sich für das Richtigstellen der Tatsachen letztlich selbst zuständig – und der ganze Wind ist plötzlich draußen! Wir veranlassen unser Gegenüber, dass dieses die ehrenvolle Aufgabe übernimmt, die Beziehung ins rechte Licht zu rücken. Das hat Stil!

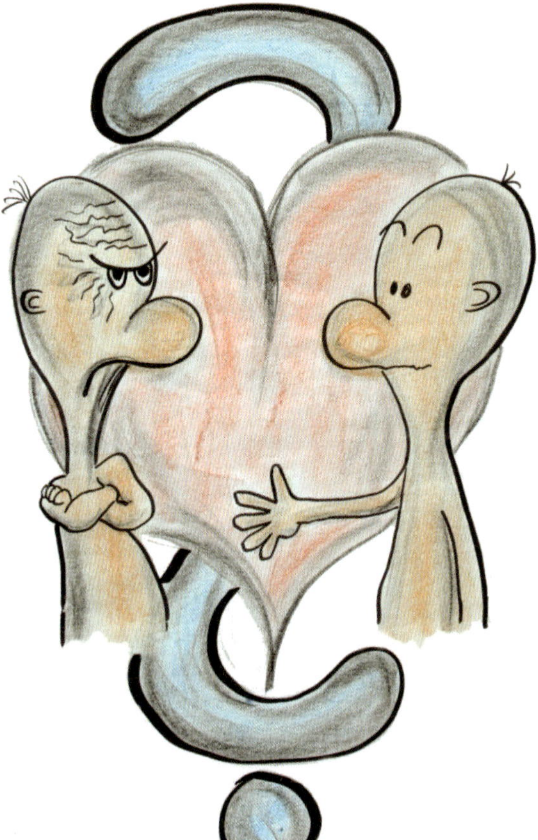

„Du denkst, ich bin ein Scheusal?“
Die Klärung der Beziehungsfrage überlassen wir gekonnt dem anderen.

Zu dieser Technik gehört etwas Courage und die Formulierungen brauchen Übung. Weitere Beispiele:

- Bürokolleginnen im Gespräch: „Du kritisierst mich andauernd!“ Überspitzte Beziehungs-Frage: **„Du denkst, ich möchte dein Selbstwertgefühl angreifen und verurteile deine Arbeitsqualität?“** (*Überspitzung von:* „Du denkst, ich lasse dich nicht in Ruhe arbeiten?“ *Grundbedürfnis:* Selbstwert, Selbständigkeit)

- „Du bist ein Lügner!“ Mitschüler kontert: **„Du denkst, ich möchte dich bewusst hinters Licht führen?“** (*Überspitzung von:* „Du denkst, ich sage dir nicht die Wahrheit?“ *Grundbedürfnis:* Ehrlichkeit, Vertrauen)

- Der Beamte bittet seinen Vorgesetzten, gewisse freie Tage einzuplanen. Dieser schnauzt zurück: „Ich bin doch nicht dein Freizeitplaner!“ Der Beamte kontert in gemäßigter Lautstärke: **„Du denkst, ich möchte dich bevormunden und dir bei deiner Planung dreinpfuschen?“** (*Überspitzung von:* „Du denkst, ich will dir sagen, was du tun sollst?“ *Grundbedürfnis:* betriebsorientiertes Planen)

- Der Mann kommt von der Arbeit heim und sagt vorwurfsvoll: „Wie schaut's denn hier aus?“ Die erschöpfte Frau kontert: **„Du denkst, ich habe bewusst alles liegen und stehen lassen, weil ich bequem und faul bin?“** (*Überspitzung von:* „Du denkst, ich habe den Haushalt vernachlässigt?“ *Grundbedürfnis:* Ordnung)

Fast alle diese überspitzten „Du denkst ...“-Fragen entschärft oder dementiert der Gesprächspartner sofort. Unser Fokus liegt jetzt voll und ganz auf *seiner* Sichtweise.

In ganz seltenen Fällen lenkt der temperamentgepeitschte Mensch *nicht* ein. Er bleibt auf seinem Kurs und legt nach: „Ja, das denke ich!" Wenn sich jemand emotional und verbal dermaßen verirrt, befindet er sich in einem klassischen Ausnahmezustand.
Diese Person ist ebenso aus dem Vertrauensgrundsatz ausgenommen wie der betrunkene Passant, der sich todesmutig vors Auto wirft.

Nicht „drüberfahren“!!!
Bitte ja nicht ernst nehmen! Er lallt Unsinn!

Nur *noch* größerer Unsinn entlarvt bestehenden Unsinn als unsinniger. Wenn wir auf der Beziehungsseite bleiben, bietet sich demnach folgender Satz an:
„Ich muss in deinen Augen wohl ein Unmensch sein.“
Spätestens jetzt muss ihm bewusst werden, dass er die Beziehungsfrage deutlich überzogen hat!

Die Wellen und Wogen glätten sich. Wir sitzen nach wie vor fest im sicheren Boot und bieten dem anderen sogar noch freundschaftlich das Beiboot an.

Hinweis: Die *überspitzte Beziehungsfrage* sollte sensibel eingesetzt werden und passt nicht automatisch auf alle Situationen.

12. Die paradoxe Antwort

Der lungenkranke Raucher sitzt beim Doktor.
„Herr Holzmann, Sie werden ernsthaft ans Aufhören denken müssen."
„Herr Doktor, ich kann aber nicht aufhören, und ich möchte auch nicht drauf verzichten müssen."
„Gut ... dann gebe ich Ihnen folgenden Rat: Rauchen Sie am besten doppelt so viele Zigaretten wie bisher, kaufen Sie sich mindestens fünf Packungen am Tag ... dann haben Sie's bald hinter sich gebracht!"

So eine paradoxe Antwort kann schon sehr verrückt klingen. Trotzdem ist sie weit entfernt von einer unsinnigen Antwort. Sie dient einem heilsamen Zweck.

Wichtig ist – so wie bei allen gewinnenden Konter-Methoden – dass der Zuhörer immer weiß, wie er dran ist. Er soll nicht verunsichert werden und fragen müssen, wie das denn nun wieder gemeint war. Die Formulierung ist zwar abstrakt, die Botschaft jedoch konkret und eindeutig.

Zwischenfrage: Wie bringt man eine widerwillige Kuh in den Stall? Zwei Antworten aus dem Bauch heraus: Ich ziehe vorne am Strick oder ich schiebe von hinten. Was aber, wenn beides nicht gelingt? Da hatte ein Verhaltensforscher *die* glorreiche Idee. Er zog die Kuh am Schwanz und sofort lief sie in die entgegengesetzte Richtung, geradewegs in den Stall.

Wir verstärken die Richtung des anderen.
Das Resultat ist die Gegenrichtung.
Paradox, aber es wirkt!

Mit dieser paradoxen Strategie liefern wir zuerst den Anstoß in die Gegenrichtung. Wir verschreiben das Gegenteil, von dem was wir erreichen wollen bzw. verstärken das, was diese Person ohnehin schon tut. Das kommt ihr dann doch eindeutig zu verrückt oder gar schmerzhaft vor, und sie entscheidet sich eigenständig für die korrekte Richtung. Der Widerspruch löst sich auf!

Weitere Fallbeispiele:

Die Führungsriege sitzt bei einem äußerst dringenden Projekt. Einige der Teilnehmer vertreten vehement ihren eigenen Standpunkt und denken gar nicht daran, irgendwelche Kompromisse einzugehen. Plötzlich nimmt sich Herr Lang ein Herz und verkündet: „Also, ich sag euch was: Machen wir doch ruhig so weiter wie bisher. Verwerfen wir alle Gedanken anderer und bekämpfen wir sämtliche innovative Ideen. Das ist wohl der sicherste Weg, dass dieses Projekt morgen gestorben ist."

Die Teamleiter beratschlagen sich über die Beförderung eines Kollegen. Leider bleiben sie an einem relativ unbedeutenden Persönlichkeitsmerkmal hängen. Diese kleine Macke wird mit übersteigerten Emotionen breitgetreten. Jetzt wird es Herrn Scholz zu bunt: „Also, wenn wir so weitermachen und kein gutes Haar mehr an ihm lassen, dann brauchen wir ihn wohl nicht zu befördern, sondern kündigen ihn am besten gleich!"

Die Sekretärin schimpft: „Ich will dieses blöde neue Computerprogramm nicht haben." Chef: „Ja, ganz wie Sie wollen. Mein Vorschlag: Wenn Sie so sehr gegen Fortschritt sind, holen Sie sich doch einfach den alten Computer wieder aus dem Keller, der hat die alten Programme alle drauf."

Ein Kunde tritt hochnäsig und superklug auf. In Anwesenheit seiner Freundin prahlt er damit, sämtliche Magazine und Testberichte zu kennen und ergeht sich energisch in Details. Ein zweiter Kunde wartet. Der Verkäufer öffnet ihm die Augen mit den Worten:
„Sie sind offenbar ein echter Meister Ihres Faches. Wenn Sie so weitermachen, dann lerne *ich* von Ihnen und brauche Sie umgekehrt gar nicht beraten. Oder kann ich doch noch etwas für Sie tun?"

Die Wirkung der paradoxen Antwort:
Die Verschreibung des eigentlichen Symptoms wirkt überraschend. Es schafft Distanz zur Thematik und zu sich selbst. Das rüttelt wach und hilft nachzudenken. Ein totgelaufenes Gespräch oder eine verfahrene Situation lässt sich zum Nutzen aller Beteiligten wieder in die richtigen Bahnen lenken. Die Teilnehmer bekommen die Gelegenheit, selbst zu entscheiden.

Hinweis:
Diese paradoxe Intervention (Intension) soll gezielt eingesetzt werden und ist nicht dazu gedacht, menschliche Werte zu verletzen. Kinder sind oft nicht in der Lage, Paradoxie zu entschlüsseln. Die therapeutische Anwendung sollte besser den Fachleuten überlassen werden.

13. Kontern ohne Druck

Mario und Anna sitzen beim Frühstück und diskutieren über einen Zeitungsbericht. Es geht um das leidige Thema Geld. Er vertritt die Meinung: „Wir sollen besser unser Geld arbeiten lassen" und fragt Anna, was sie dazu meint. Sie sagt, dass sie sich zwar nicht sehr gut auskenne, gefühlsmäßig sei sie allerdings eher gegen eine spekulative Form der Geldanlage.
„Was?", reagiert Mario lebhaft. „Das hat doch nichts mit Spekulation zu tun. Das ist ein todsicheres Geschäft." Anna (sachlich): „Ja, es haben sich tatsächlich schon so manche das Leben genommen, weil sie sich verkalkuliert haben." Mario (energisch): „Rede doch keinen Blödsinn! Bei uns in der Firma legen fast alle ihr Geld in dieser Form an. Und sie berichten über gute Gewinne!"
Anna fühlt sich in die Defensive gedrängt und verteidigt ihren Standpunkt. Mario weiß auf jede Antwort einen Konter. Je mehr er sie unter Druck setzt, desto mehr baut sie Gegendruck auf. Obwohl Anna anfangs keine feste Meinung hatte, ist sie jetzt felsenfest von einer stabilen Geldanlage mit fixem Zinssatz überzeugt.

Wenn jemand das Gefühl hat, dass er zu etwas gedrängt wird, wird dieser widerspenstig und ärgerlich. Dieses Phänomen nennen Psychologen: ***Respekt für den Wunsch jedes Menschen auf Selbstbestimmung***.

Was war uns bereits als Kind lieber? Als die Mutter sagte: „Trockne das Geschirr ab!“ oder als wir aus freien Stücken heraus das Geschirrtuch schwangen und dabei Lob erhaschten?
Wenn das schon auf relativ harmlose Situationen zutrifft – wird das nicht erst recht auf ein kritisches oder gar explosives Zusammentreffen seine Anwendung finden? Wer mit Druck kontert, erntet Gegendruck. Oft geht es rein nur mehr ums Rechthaben. Ist bereits eine gewisse Spannung vorhanden, braucht es nicht mehr viel, um eine Eskalation auszulösen. Dann ist es mit der Willigkeit vorbei, und der rechthaberische Teufelskreis beginnt! Wir können übrigens jederzeit aussteigen mit:
„Ja, das ist *deine* Meinung, ich respektiere das. Respektiere bitte auch *meinen* Standpunkt.“

Beeinflusst dieses Wissen unser Gesprächsverhalten?
Wie stehen wir zu folgenden Appellformen?

- den erhobenen Zeigefinger
- belehrende Worte
- fordern und drohen
- einen scharfen oder strengen Tonfall
- Manipulation durch Steuerung oder Kontrolle
- Befehlsform: „du sollst …“ oder „du musst …“

Generell ist es gut, sich zu fragen: „Warum möchte ich überhaupt, dass er oder sie das jetzt tut?“ Beim genaueren Hinsehen erkennen wir, dass es oft gar nicht wert ist, darauf zu bestehen.

Druck bringt Gegendruck, sowie hochgeschaukelte Emotionen, Kraftverlust und … Verlierer!

Wollen wir den Widerstand überwinden, gibt's daher nur eine Möglichkeit: *Widerstand zulassen …*

… und der gesamte Druck ist vorerst draußen! Wenn wir für diese Haltung sogar noch Verständnis zeigen und aufrichtig die Gründe hinterfragen, schaffen wir die beste Basis. Dann können wir einen neuen gemeinsamen Weg einschlagen und *jeder* gewinnt zu großen Teilen.

Ein Beispiel zur Veranschaulichung:

Kunde: „Das ist mir zu teuer!"
Verkäufer: „Sie haben recht. Eine Investition in dieser Preislage sollte man sich gut überlegen. Darf ich fragen, womit Sie den Preis vergleichen?"
Kunde: „Also, eigentlich will ich im Moment nicht so viel Geld ausgeben."
Verkäufer: „Keine Frage, es muss auch alles budgetiert sein. Wie wir grundsätzlich gesehen haben, passt dieser Artikel genau zu dem, was Sie suchen. Ich finde nur, es wäre schade, wenn Sie die untere Preisklasse nehmen, weil ich genau weiß, dass Sie damit nicht dieselbe Freude haben werden."
Kunde (nachdenklich): „Das kann schon sein."
Verkäufer: „Angenommen, Sie würden auf das qualitativ hochwertigere Produkt hinsparen, würden Sie in ein oder zwei Monaten wieder zu mir kommen?"
Kunde (kurz entschlossen): „Nein, wissen Sie was? Ich nehme das jetzt einfach und fertig!"

Wer einmal durchschaut hat, wie die Psychologie des Widerstandes funktioniert, hat es viel leichter im Leben! Alle profitieren: Das Pärchen beim Festlegen ihrer Urlaubsdestination, die Führungskraft bei der Durchsetzung von Maßnahmen, die Eltern bei der Erziehung ihrer Sprösslinge, oder eben der Verkaufsberater bei der Behandlung von Einwänden.
Streichen wir noch das vernichtende Wörtchen „aber“ aus unserem Wortschatz und liefern wir stets eine gute Begründung für ein unumgängliches „Nein“, kann einem Konsens bei Meinungsverschiedenheiten fast nichts mehr im Wege stehen.

Was ist aber mit einem Mitarbeiter, der ständig zu spät kommt? Was mit einem Kind, das zu Mittag einfach nicht essen will? Wenn wir die nötige Autorität besitzen, können wir mit der **natürlichen Folge** arbeiten.
Letztlich können nur pünktliche Mitarbeiter bleiben und die nächste Mahlzeit gibt es erst wieder am Abend. Die Entscheidung sollten wir trotzdem den Betreffenden selbst überlassen. Mit einem „bitte“ glauben wir an sie und unterstützen sie dabei.

Wenn einer nur darf, wenn er soll,
aber nie kann, wenn *er* will,
dann *mag* er auch nicht, wenn er muss.
Wenn er aber darf, wenn *er* will,
dann *mag* er auch, wenn er soll,
und dann *kann* er auch, wenn er muss.
Also, diejenigen, die können sollen,
müssen wollen dürfen!

Zusammenfassung von Teil 3

- Der im Spiegel betrachtete Dialog verleiht Objektivität und entspannt die Stimmung.
- „Tut mir leid" ist wie ein Schmerzmittel.
- Das Herausfinden der Bedürfnisse der anderen Person wirkt sehr besänftigend.
- Eigene negative Gefühle in Worte zu fassen, kann den Spieß komplett umdrehen.
- Die *überspitzte Beziehungs-Frage* ist die couragierte Variante zur Klärung der Beziehung durch die andere Person.
- Der paradoxe Konter dient dem Zweck, totgelaufene Situationen doch noch zu retten und in die richtigen Bahnen zu lenken
- Das Wort *bitte* kommt nie aus der Mode; der Grund: Druck erzeugt Gegendruck!

Konter-Werkzeuge mit „Cool-down-Effekt" haben oft eine verblüffende Wirkung!

4.Teil:
SPEZIELLE SITUATIONEN

„Der einzige Mensch, der sich vernünftig benimmt, ist mein Schneider. Er nimmt jedes Mal neu Maß, wenn er mich trifft, während alle anderen immer die alten Maßstäbe anlegen in der Meinung, sie passen auch heute noch.“ ***George Bernard Shaw***

14. Hurra – eine Reklamation!

Rückblickend betrachtet ist der *Umgang mit Beschwerden und Reklamationen* eines der spannendsten Seminarthemen überhaupt. Die Teilnehmer packen zur Einstimmung ihre eigenen Geschichten aus und die Emotionen überschlagen sich! Wo haben *Sie* das letzte Mal reklamiert? Wie war's? Hier ein Schmankerl aus meinem persönlichen Fundus:

Meine Frau kaufte sich ein neues Bügeleisen, mit Gleitsohle und ging davon aus, dass es zumindest gleich gut funktionieren würde wie das alte. Leider glitt es nur zäh über die Wäsche. Durch den hohen Kraftaufwand bekam sie tennisarm-ähnliche Schmerzen! Der Vergleich mit dem alten Bügeleisen zeigte uns: da stimmt etwas nicht. Wir gingen in den Shop und trugen unser Problem vor.
Die erste Reaktion: „Das gibt's nicht! Das ist das meist verkaufte Bügeleisen. Wir haben noch *nie* ein Problem gehabt." Ausprobieren wollte es die Verkäuferin nicht. Aufgrund hartnäckigen Dranbleibens wurde uns zwar ein neues Bügeleisen zugesichert, doch ich wusste immer noch nicht, ob sie den Grund für die Reklamation verstanden hatte. Ich fragte nach. Die Antwort: „Nein, ich *kann* es nicht verstehen und ich *will* es auch nicht verstehen. Aber Sie kriegen das neue." Später hörte ich heraus: „Wir werden es eben trockenlegen und wieder verkaufen."

Bei alldem wurden wir offenbar nicht für voll genommen! Ist dieses Ergebnis befriedigend? Keineswegs! Wir fühlten uns als Lügner hingestellt.
„Verkaufen Sie es nicht!“, intervenierte ich eindringlich. „Der nächste Kunde wird genau so unzufrieden sein wie wir.“ Die Verkäuferin überzeugte sich doch noch von der rauen Oberfläche des Bügeleisens und kam zur Einsicht, dass unsere Reklamation gerechtfertigt war.

Was zeigt uns dieses Praxisbeispiel? Aus der Verkäufer-Sicht ist das vorbehaltlose Anhören der Beschwerde am klügsten.
Kein: „Gibt's nicht!“, „Blödsinn!“, „Unmöglich!“, „Sie sind der Erste!“, „Was soll ich da machen?“ oder „Da sind Sie schon selber schuld!“. Wer kann schon 100-prozentig sagen, ob der Kunde tatsächlich lügt? Die Grauzone zwischen berechtigter und unberechtigter Reklamation ist einfach zu groß.

Berechtigte Reklamationen sind:
Fehler durch Beratung, Service, Material oder Funktion.

Unberechtigte Reklamationen sind:
Fehler durch Selbstverschulden, Abnützung oder Verschleiß.

Doch *was* es ist, können wir in der ersten Gesprächs-Phase nicht sicher genug erkennen!

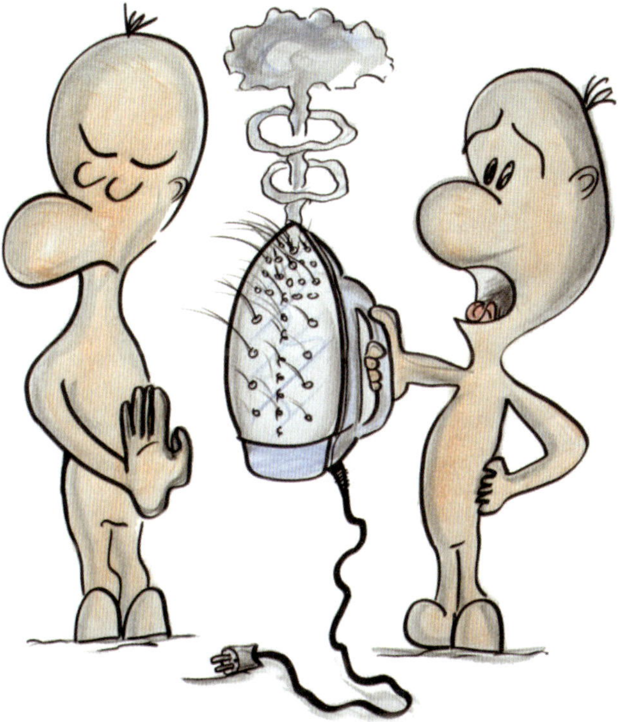

„Gibt's nicht!" geht nicht.
Zuhören und Verständnis zeigen
bringen die nötige Abkühlung.

Bewährte Vorgehensweise bei Reklamationen:

- **„Tut mir leid für die Umstände.“** *(siehe S. 37–40)*
- **Aktiv Zuhören, Spiegeln** *(siehe S. 36)*, **Verständnis zeigen („ich verstehe …“)**
- **Gemeinsames Analysieren: „Wie ist es dazu gekommen?“ „Wie hat es sich denn zugetragen?“**
- **Lösung anbieten und professionell abschließen**

Haben Sie es bemerkt? Die ersten drei Punkte gehören zur Abkühl-Phase. Das ist der wichtigste Teil. Merkt der Kunde, dass wir auf ihn eingehen, ist der Rest ein Heimspiel. Der Kunde sieht in uns auch künftig einen Ansprechpartner, der ihm in guten wie in schlechten Zeiten zur Seite stehen wird. Das macht die gelungene Reklamation auch zu so einem großen Erfolgsfaktor.

So gesehen kann man sich auf die nächste Reklamation wirklich freuen – oder?

15. Plumpe Kritik entschlüsseln

Sie war gut vorbereitet und legte sich bei ihrem Referat voll ins Zeug. Dann setzte sie sich und wartete gespannt auf das Feedback. Die ersten Worte des Mentors waren: „Das war eine totale Themenverfehlung!"

Die Teilnehmerin war so getroffen und den Tränen nahe, dass sie sich an keine weiteren Worte mehr erinnern konnte. Alles worüber sich ihre Gedanken drehten waren: „Themenverfehlung? ... worüber habe ich denn gesprochen ... über Hühner und Enten?"

Kritik ist für viele wie ein widerlicher Fraß, unzart und lieblos serviert. Warum ist plumpe Kritik so schwierig hinunterzuschlucken und so schwer verdaulich?
Kaum jemand, der Feedback gibt hat gelernt, einen konstruktiven Verbesserungsvorschlag in ein schmackhaftes Sandwich zu packen:
Lob – Kritik – Lob. Das rutscht besser hinunter.

Trotz allem kommt es immer wieder auf die Kunst des *Nicht-Persönlich-Nehmens* an *(siehe S. 23–26)*.

Beim Mitarbeiterförderungsgespräch fällt der Personalverantwortliche gleich mit der Türe in Haus: „Herr Kaindl, Sie sind absolut unzuverlässig! Das mit dem Zurückrufen klappt sowieso nie, die Lehrlingsgespräche finden nur alle heiligen Zeiten statt und Infoweitergabe ist für Sie ein Fremdwort!“ Der Mitarbeiter fühlt sich völlig vor den Kopf gestoßen, steht auf und verlässt mit hochrotem Kopf das Büro.

Bestimmt gibt es bessere Reaktionsmöglichkeiten. Wer auf solche Situationen mental vorbereitet ist, kann den Blackout-Moment überwinden. Wichtig ist:

1. **Beweggrund des Kritikers hinterfragen:** Sollte uns diese Kritik *groß* machen – also wirklich unsere Weiterentwicklung unterstützen – oder sollte sie uns *klein* machen. Das kann sogar in Mobbing enden und ist Thema des Folgekapitels.

2. **„Kern-Frage“:** Wo ist der Kern? Stellen wir uns eine harte Nuss vor. Wer würde schon hineinbeißen wollen ohne sie vorher aufzubrechen? Beim Annehmen von Kritik geht es ebenfalls darum, hinter die ungenießbare Fassade zu schauen und zum Kern der Botschaft vorzudringen.

   Jede Kritik, auch die taktlos formulierte, hat meist einen wahren Kern! Vergessen wir die Schale. Konzentrieren wir uns *nur* auf diesen Kern.

Kernfrage: Was ist die Kernaussage hinter der ungenießbaren Schale?

Bewährtes Gesprächsmuster
(der Kritisierte antwortet):

Selbsteinfühlung (siehe S. 45–48):
„Ich bin etwas überrascht (irritiert). Mit soviel Gegenwind habe ich gar nicht gerechnet."
Beweggrund hinterfragen:
„Darf ich davon ausgehen, dass Sie mir mit Ihrem Feedback ernsthaft helfen möchten?" (Der Kritiker muss sich mit seinem Beweggrund auseinandersetzen.)
Kern-Frage:
„Was ist also konkret Ihre Kern-Botschaft an mich?" (Indirekte Aufforderung: Bitte diesmal ohne Verallgemeinerungen, in gemäßigtem Ton, etwas netter und nur die Sache selbst.")
Spiegeln (siehe S. 36):
„Das heißt, Ihnen ist eine gute Infoweitergabe (Zuverlässigkeit ...) wichtig." (Gegenseitiges Verständnis verbindet.)

Jetzt ist der Wind draußen! Gemeinsame Zielvereinbarung – und der Tag hat eine erfolgreiche Wendung genommen.

Auch für die Zukunft gilt: mit uns kann man auch gleich *normal* reden.

16. Mobbing im Keim ersticken

Herr Goldmann wechselt den Betrieb. Dort werkt schon seit drei Jahrzehnten Josef Salcher als Arbeiter ersten Ranges. „Den Neuen schau‘ ich mir mal an“, denkt sich dieser. Herr Goldmann ist ausnehmend fachkundig und außerdem ein Ass am Computer. Das gefällt dem Chef und er lobt seinen neuen Mann.
Herr Salcher sieht seine Position in Gefahr und denkt: „Moment mal, das ist mein Platz beim Chef.“ Wie ein Platzhirsch verteidigt er plötzlich sein Territorium und greift sogar zu Falschdarstellungen.
„Beim letzten Krankenstand von diesem Goldmann – da stimmt was nicht“, setzt Salcher in Umlauf. „Ich hab‘ ihn auf der Straße gesehen – wenn der krank war, fress‘ ich einen Besen.“ Seither heißt es beim geringsten Anlass: „Ach haben wir wieder einmal *chronische Tachinose* und *eitrige Faulitis*?“
Das war erst der Anfang.

Der typische Mobber heißt nicht *J. R. Ewing* aus Dallas und das charakteristische Mobbingopfer muss auch kein Aschenputtel sein.
Die Zusammenhänge sind oft sehr komplex und jede Situation ist individuell.

Diese Art von Psychoterror gibt es tatsächlich überall: beginnend in Familie und Kindergarten, über Schule, Sportverein und Arbeitsplatz bis ins Altersheim und sogar im Gefängnis!
Es beginnt mit einer Machtdemonstration durch persönlichen Angriff, Stichelei, Schikane, Ausgrenzung usw. Dabei weiß man noch nicht genau, ob das auch wirklich Mobbing ist. Passiert so etwas wieder und wieder und lässt man sich in die Opferrolle drängen, entsteht folglich eine typische Mobbing-Konstellation.

Bereits *bevor* dieses ohnmächtige *„Man-will-mich-hinausekeln"-Gefühl* emporlodert, ist es höchste Zeit für ein ernsthaftes Vier-Augen-Gespräch! Ist es ein ganzer Mob, muss man sich eben einen nach dem anderen vorknöpfen. Mutiges Entgegentreten in dieser ersten Phase liefert die besten Chancen, Mobbing im Keim zu ersticken. Signalwirkung: „Stopp!" Hinnehmen und Einstecken signalisiert: „Mach ruhig weiter so."

Bewährte Vorgehensweise:

- Zorn beherrschen und Rachegedanken verdrängen,
- nach einer Gelegenheit suchen, in der sich jeder gelassen fühlt,
- in die Augen schauen und mit ruhiger, fester Stimme sprechen.

Haben wir das Gefühl, jemand will uns „hinausekeln“? Unbedingt darüber reden!

Spiegel vorhalten (siehe S. 33–36):
„Mir ist aufgefallen, dass mich seit der letzten Darminfektion alle so komisch anreden, als wäre ich ein Tachinierer. Von Ihnen bekam ich die Worte *chronische Tachinose* und *eitrige Faulitis* zu hören." (Klares Spiegelbild ohne zu verzerren!)

Selbsteinfühlung (siehe S. 45–48):
„Ich mag das überhaupt nicht. Ich finde das nicht witzig und fühle mich verletzt."

Fremdeinfühlung (siehe S. 41–44):
„Eine persönliche Frage, Herr Salcher: Um was geht es Ihnen eigentlich dabei wirklich? Ich möchte das gerne wissen."
Das ist die schwierigste aber auch wichtigste Frage. Wir hantieren nicht am Segel, sondern nehmen direkt auf den Wind Einfluss! Die Ursache soll auf den Tisch. Keine verborgenen oder zweideutigen Spielchen mehr. Nicht locker lassen!

Wir geben damit dem Mobber noch einmal die würdevolle Gelegenheit für einen Rückzieher. Meistens gesteht er ein mögliches Machtspielchen nicht. Jedenfalls ist er gewarnt. Wir achten darauf.

Nachfassende Frage:
„Was brauchen Sie, damit Sie aufhören?"
Immer sachlich und nüchtern bleiben; nicht beleidigen oder herausfordern!

Das ist natürlich kein Patentrezept für Mobbing, jedoch ein funktionierender Ansatz in der Anfangsphase. Viele Mobber wurden bereits als Kind drangsaliert und suchen sich jetzt ihr eigenes Ventil. Es tut gut zu verstehen, warum jemand zu solchen Handlungen neigt.

Lässt der Sturm nicht nach, soll der Schikanierer im zweiten Schritt wissen, dass wir andere – den Vorgesetzten, Betriebsrat oder externe Hilfe – miteinbeziehen werden, falls er nicht damit aufhört. Dann sollte man ein Mobbingtagebuch zur Hand haben mit Fakten, Äußerungen, Uhrzeit und den eigenen Gefühlen dazu.
Wir sagen: **„Stopp dem Mob!“**

17. Krisensituation – keine Panik!*

- Schlagzeile: *„Kunden räumen panisch ihre Konten bei Krisen-Bank"*
- Der Sturm hat das Dach einfach abgedeckt wie die oberste Karte eines Kartenhauses.
- Die Geschäftsleitung erhält vom Vorstand die Anweisung 20 Leute „abzubauen".

Eine Krise kommt immer überraschend. Der Druck ist groß – die perfekte Sofortlösung gibt es nicht.
Angst wirkt lähmend. Panik sabotiert vernünftiges Denken. Ohnmacht, Fragen, Zweifel, Hoffnung – ein Wechselbad der Gefühle mit großem Informationsbedürfnis. Kommunikation ist jetzt der Dreh- und Angelpunkt. Und gerade hier beißt sich die Katze in den Schwanz, denn wenn die Nerven blank liegen, ist erfolgreiche und fruchtbare Kommunikation am schwersten. Krisengebeutelte Menschen sind wie gelähmt und können kaum über ihre Gefühle reden.
Die häufigeren Ventile zum Dampfablassen sind Angriffe, Beschuldigungen, Rechtfertigungsversuche, „Was-wäre-gewesen-wenn"-Spielchen, Vorwürfe etc.

* In diesem Kapitel geht es nicht um ganz persönliche, innere Krisen, sondern um Unternehmenskrisen und damit vergleichbare Situationen.

Die gute Nachricht lautet: Eine Krise wird nicht automatisch in einer Katastrophe münden!
Voraussetzung ist die Bereitschaft, Verantwortung zu übernehmen. Auch wenn sich manche in der ersten Phase verbal „auskotzen" müssen, hemmt empathisches Kontern den weiteren Brechreiz. *(siehe S. 41–43 Fremdeinfühlung)* **Ehrlichkeit und Offenheit schaffen das nötige Vertrauen zur mentalen Bewältigung.**

Die Bereitschaft, Verantwortung zu übernehmen, zeigt sich oft bei einem folgenschweren Autounfall. Es soll Leute geben, die bewusst wegschauen und sogar die Flucht ergreifen: „Schnell in Sicherheit bringen! Nichts wie weg hier!" Notärzte sind sich einig: Besser anpacken, die Ärmel hochkrempeln und mit etwas einigermaßen Sinnvollem loslegen, als einfach nichts zu tun und tatenlos zuzusehen, wie schwerverletzte Opfer die letzten Atemzüge machen. Erste Hilfe entscheidet jetzt über Tod oder Leben.

In gleicher Weise gilt für jede andere Krise: Anpacken, sich der Krise stellen, konstruktiv und klar darüber reden! Das entscheidet über Eskalation oder Überleben. Wir möchten doch nicht dem Frosch gleichen, der wie gelähmt auf den riesigen aufgesperrten Schnabel des Storches starrt und tatenlos seinem Ende entgegensieht!

Nicht lähmen lassen! Zupacken, statt tatenlos dem Ende entgegenzusehen!

Kommunikationsbeispiel: Krisensitzung
(Strategie: Killerphrasen ansprechen, Blick nach vorne)

„Leute, es bringt jetzt nichts, darüber zu diskutieren, was wir hätten tun sollen, und es bringt nichts darüber zu streiten, wer daran schuld ist. Fakt ist: Wir stecken in einer Krise und wissen im Moment nicht, wie es weitergeht. Also reden wir ab jetzt nur mehr darüber, wie wir diese Krise meistern! Das heißt, welche konkreten Ziele verfolgen wir? Welche Hindernisse sollten wir als Erstes überwinden?"

Intervention bei Rückfällen: „Bitte keine Beschuldigungen!" oder ganz direkt: „Herr Blaschke, sind wir uns darüber einig, dass uns die Suche nach einem Sündenbock jetzt nicht weiterhilft?"

Kommunikationsbeispiel: Krisengespräch mit einem Kunden *(Strategie: Fremdeinfühlung, Spiegeln, Offenheit)*

Bankkunde: „Das ist eine Frechheit was da mit meinen Schweizer Franken passiert! Ihr Manager mit euren Spekulationen ruiniert den ganzen Finanzmarkt!"
Bankberater: „Sie sind offensichtlich verärgert, und ich kann es Ihnen gar nicht verübeln. Sagen Sie mir, was ist es denn genau, das Sie so verunsichert?"

Bankkunde: „Ich habe mir von dem Fremdwährungskredit große Ersparnisse erwartet, und höre jetzt über die Medien, wie es kriselt. Ich will nicht *noch* länger den Kredit abstottern müssen!"

Bankberater: „Das heißt, Sie wollen im Grunde ihre Wohnung mit diesem möglichst niedrigen Zinsniveau wie bisher abbezahlen?"

Bankkunde: „Um das geht's!"

Bankberater: „Wissen Sie, ich spiele auch mit offenen Karten. Es stimmt, manches läuft im Moment etwas anders als uns lieb ist, obwohl nicht alles so schwarz ist, wie es sich manchmal anhört. Wir haben uns in den letzten Tagen und Wochen viele Gedanken gemacht, und ich kann Ihnen versichern, ganz so schlimm ist es nicht. Ich bin sogar zuversichtlich dass wir für Sie eine ganz passable Lösung finden."

Eine Krise ist ein Ereignis, für das die Betroffenen noch kein Handlungsmuster haben. Oberste Priorität hat das Herausfinden des bestmöglichen Handlungsmusters – der konkrete Plan, wie es weitergeht!

18. Verbale Selbstverteidigung bei drohender Gewalt

Manuel, den ich gut kenne, ging nichtsahnend durch die Stadt Salzburg. Ein paar Jugendliche fuhren mit dröhnendem Autoradio vorüber und zeigten gezielt mit dem nackten Finger auf ihn. Er verstand die Botschaft: „Du bist jetzt dran!" Obwohl er Kickboxer ist, hielt er es für vernünftiger, sich schnellstmöglich aus dem Staub zu machen. Das war allerdings nicht mehr nötig, da genau in diesem Moment langsam die Polizeistreife vorbeifuhr.

„Happy Slapping" heißt das Phänomen, wo Jugendliche wahllos Passanten niederwerfen, treten und zusammenschlagen. Das Ganze wird mit Handycams aufgenommen und untereinander ausgetauscht oder ins Internet gestellt. Wer dabei tatsächlich „happy" ist, weiß niemand so genau. Das Zusammenschlagen um des Zusammenschlagens willens, bekommt eine neue Dimension durch die Dokumentation. Wieder ein Trend, den diese Welt nicht gebraucht hat.

Kidnapping, Raubüberfälle, Vergewaltigungen oder betrunkene Gewalttäter. Viele Menschen stehen unerwartet vor Gefahrensituationen, wo Leib oder Leben bedroht sind – nicht zu verwechseln mit Situationen, in denen die eigene Geldbörse auf dem Spiel steht. Was von beiden mehr wert ist, steht außer Frage.

Clever ist, wer von vornherein brenzligen Situationen aus dem Weg geht. Ist das nicht mehr möglich, bedarf es einer guten Strategie. Wer vorbereitet ist, und Szenenbilder und Wortwechsel im Kopf durchgespielt hat, ist gelassener und hat auch bessere Chancen, als der, der die Nerven wegschmeißt und gleich in die Opferrolle schlüpft.

Ein Skifahrer, der in Kitzbühel die „gefährlichste und brutalste Abfahrt der Welt" hinunterstürzen will, konzentriert sich in gleicher Weise auf seinen Kurs und geht alle Hindernisse exakt im Geiste durch. Panische Angstgedanken sind beim Start so gut wie eliminiert. Das Adrenalin und die Schmetterlinge im Bauch fliegen in Formation – das schafft einen kühlen Kopf.

Angriffe und Körperattacken versuchen wir in erster Linie abzufangen oder zu stoppen. Wenn irgendwie möglich, ist ein entscheidender Schritt, mit dem Widersacher selbstbewusst in Kontakt zu treten. Reden hilft bei der Bewältigung eigener Ängste und verdeutlicht dem Täter, dass er es mit einem *Menschen* zu tun hat! Blickkontakt suchen, tief in die Augen schauen, mit fester Stimme eine Konversation beginnen und diese nicht mehr abreißen lassen!

Reden, reden, reden: „Wie können Ihre Bedürfnisse befriedigt werden, ohne dass mir dabei etwas passiert?“

Verbale Selbstverteidigung hat nichts mit Beschimpfungen, Beleidigungen oder Drohungen zu tun. Auch geringschätzige Äußerungen oder Anspucken bewirken das glatte Gegenteil. Das sind keine Konter mit *Cool-down*-Effekt.
Auch flehentliche und unterwürfige Bittgesuche sind einzustellen, denn Unterwerfung und Erniedrigung ist ja gerade das, was der Peiniger will.

Eine klare und deutliche Kundgabe des eigenen Willens in Verbindung mit Empathie soll die Gefahr im Idealfall entschärfen.
Das ist der friedliche Lösungsversuch.

Standpunkt klar machen (siehe S. 45–48):
„Ich verurteile nicht *Sie als Mensch*. Was ich nicht mag, ist dieses *Verhalten*. Lassen Sie mich einfach in Ruhe." (Der Ton spielt dabei eine ganz entscheidende Rolle: fest und charakterstark jedoch nicht lauthals oder herausfordernd.)

Aktiv Zuhören und daraus weitere Reaktionen ableiten (siehe S. 36)
z. B.: „Wenn ich Sie richtig verstehe, haben Sie es nur auf mein Geld abgesehen."

Beobachten, Spiegeln, Fremdeinfühlung
(siehe S. 33–36, 41–44):

- „Ich habe den Eindruck dass Sie stinksauer auf mich sind, obwohl ich Ihnen – wie Sie wissen – nichts getan habe."
- „Ich möchte gerne verstehen, warum Sie das machen. Können Sie mir das sagen?"
- „Kann es sein, dass Sie sich im Grunde selbst nicht ganz wohl bei der Sache fühlen?"
- „Was ist es denn, was Sie wollen? Wie können Ihre Bedürfnisse befriedigt werden, ohne dass dabei jemand zu Schaden kommt?"

Zur verbalen Selbstverteidigung gehört letztlich auch ohrenbetäubendes Schreien. Laut der Aussage eines Experten für Verbrechensbekämpfung ist die beste Waffe einer Frau immer noch ihre Lunge.

Gibt es keine Fluchtmöglichkeit und ist keine friedliche Lösung möglich, ist Selbstverteidigung aus Notwehr legitim. Zum Schutz der Angehörigen und des eigenen Lebens mag es nötig sein, den Angreifer durch Schläge zu betäuben und außer Gefecht zu setzen.

Unser Verbündeter ist der Überraschungseffekt!

19. Manipulation entlarven

Ich saß gerade auf einem Parkplatz und kaute an einer Semmel, als sich von hinten der „Mikromann" des größten österreichischen Radiosenders anpirschte. Aus dem Nichts stellte er mir mit vorgehaltenem Mikrofon die Frage: „*Morgenstund hat Gold im Mund* – Was bedeutet dieses Sprichwort für Sie?" Ich war im ersten Moment ziemlich perplex. Außerdem hatte ich den Mund voll und konnte nur lachen (was mir Zeit zum Überlegen gab). Es folgten noch weitere Sprichwörter. Für jene, die es nicht kennen: Die unfassbarsten Antworten werden zusammengeschnitten und zur Belustigung der Nation ausgestrahlt. Ins Radio schaffte ich es übrigens nicht. Da gab es „bessere" als mich. Ich dachte jedenfalls: „So fühlt sich das also an!" Ich habe den Überraschungseffekt unterschätzt. Wird man überrumpelt, steht man irgendwie neben den Schuhen. Denkprozesse sind völlig lahmgelegt.

Was beim „Mikromann" nur Spaß ist, ist im täglichen Umgang häufig absolut ernst. Es ist kein schöner Gedanke, wie eine Marionette gelenkt, beeinflusst und gesteuert zu werden.

Der Begriff *Manipulation* ist immer negativ besetzt und beruht oft auf gezielter Täuschung. Leute nutzen Unsicherheiten aus und beugen dabei gerne die Regeln der Logik.

Mittels Manipulation wird die Unsicherheit der Leute ausgenutzt. Nur wer es nicht durchschaut, geht ihr auf den Leim.

Die gute Nachricht: Manipulation kann nur dort stattfinden, wo sie auch zugelassen wird – vorausgesetzt man durchschaut diese fiesen Kunstgriffe.

Stellvertretend greife ich drei gängige Praktiken heraus:

Alternativfragen (Entweder-oder-Fragen)
„Soll ich für Sie entweder das rote oder das grüne T-Shirt einpacken?" „Haben Sie entweder mittags oder gegen Abend Zeit?" „Möchten Sie es lieber monatlich oder quartalsmäßig abbuchen lassen?"
Metaperspektive – Es gibt in Wirklichkeit *mehr* als zwei Wahlmöglichkeiten: „Habe ich denn überhaupt erwähnt, dass ich das Kleid bereits kaufen will?" „Verzeihen Sie, habe ich angedeutet, dass ich mir überhaupt dafür Zeit nehmen will?" „Moment mal, ich habe doch noch gar nicht *JA* gesagt!"

Verallgemeinerungen
Das sind zum Beispiel: „immer", „jedesmal", „nie", „kein einziges Mal", „alles", „total", „absolut nicht", „nichts", „niemand", „alle anderen". Obwohl sich viele darüber gar nicht bewusst sind, haben Verallgemeinerungen sehr oft einen manipulativen Charakter, weil sie Aussagen verzerren und die Wahrheit beugen. Es wird ein *Einheitsstempel* auf Sachverhalte und vor allem auf Menschen gedrückt. Dem Empfänger wird unfairerweise ein extraschlechtes Gewissen eingeredet. Dritte Personen werden angeschwärzt und in Schubladen gesteckt.

Der Mann steht fertig angezogen in der Türe und schreit: „Du brauchst *jeee...deees...Maaal* eine *Ewigkeit* und wir werden halt wie *immer* zu spät kommen!" (Meisterleistung von *drei* Verallgemeinerungen in einem Satz!)

Überspitzte Beziehungs-Frage (siehe S. 49–53):
„Du denkst, ich lasse mir noch extra lange Zeit, weil ich boshaft und gemein sein will?"
Spiegel vorhalten (siehe S. 33–36):
„Mal ganz ehrlich, findest du diese Verallgemeinerung besonders fair?"
Durch nachfragen versachlichen:
„Was bedeutet für dich jedes Mal? Wann war denn konkret das letzte Mal?"

Destruktive Killerphrasen
„Daraus wird nie was." „Das haben wir immer schon so gemacht." „Das ist graue Theorie – die Praxis sieht ganz anders aus." „Es weiß doch jeder, dass ...." „Meine Meinung steht fest!" „Das klappt vielleicht bei der Firma *Soundso* aber bei uns geht das sicher nicht."

Spiegel vorhalten (siehe S. 33–36),
Killerphrase offen ansprechen:
„Ist ihnen bewusst, dass das gerade eine Killerphrase war, die uns nicht weiterbringt?"

Durch nachfragen versachlichen:
„Was meinen Sie genau mit ...? Können Sie uns das näher erklären?“
Sinn für die Lösung öffnen:
„Moment, Sie sagen also ‚...‘! Hilft uns Ihr Beitrag für die Lösung unseres Problems?“
Überspitzte Beziehungs-Frage (siehe S. 49–53):
„Sie denken, es ist generell ein Blödsinn, dass ich mir über Verbesserungen in dieser Firma den Kopf zerbreche?“

Grundsätzlich hilft bei jeder Art von Manipulation der Hinweis, ernst genommen werden zu wollen. Mit der Frage: „Halten Sie das für besonders fair?“ geben wir der Person die Möglichkeit für ein lautloses Rückzugsgefecht.

Sobald wir aufzeigen, dass wir diese Beeinflussung durchschauen, werden weitere Versuche üblicherweise eingestellt! Mit den Fragen: „Was hat das mit ... zu tun?“ oder „Wie darf ich das verstehen?, lassen wir die Botschaft vom Sender selbst in ihre Einzelteile zerlegen. Die manipulative Aussage zerfällt wie ein altes Papyrus-Fragment an der frischen Luft.

Zusammenfassung von Teil 4

- Eine Reklamation ist kein lästiger Umstand, sondern eine gute Chance zur Schaffung einer Vertrauensbasis.
- Plumpe Kritik hat meistens einen wahren Kern. Konzentrieren wir uns alleine darauf.
- Stopp dem Mob! Die Ursache möglichst bald ansprechen und Mobbing im Keim ersticken.
- Die Krise ist da. Nicht resignieren, sondern anpacken! Offen und klar darüber reden!
- Bei drohender Gewalt kann der friedliche Lösungsversuch durch verbale Selbstverteidigung zur Deeskalation beitragen.
- Manipulation und Propaganda durchschauen! Die Botschaft in ihre Bestandteile zerlegen. Nur nicht auf den Leim gehen!

Wer sich rüstet – ist auch gerüstet,
wenn's drauf ankommt!

20. Schlussplädoyer für ironisches und humorvolles Kontern

Ich kann mich noch sehr gut an einen früheren Arbeitsplatz zurückerinnern. Der Spaßfaktor war enorm! Sogar der Chef selbst schoss mit Verpackungs-Gummiringen. Da hieß es: Hintern zusammenkneifen und das schmerzverzerrte Gesicht unter einem erzwungenen Lächeln verbergen. Nur keine Memme sein! Wir perfektionierten die eigene Treffsicherheit aus der Hüfte heraus geschossen, bis zum *John-Wayne-Reifegrad*. Dementsprechend gehörten auch Wortspiele und flotte Sprüche dazu. All dem lag jedoch keine feindselige oder böswillige Absicht zugrunde. Wir kannten einander genau, und jeder wusste, dass es gar nicht so gemeint war, wie es vielleicht für einen Außenstehenden den Anschein gehabt hätte. Alle die austeilten, konnten auch einstecken. Es war einfach nur ein Riesenspaß. Übrigens: Gearbeitet wurde auch noch.

Sarkasmus in einer gemäßigten Form kann amüsant sein. Wichtig ist, dass die Einstellung nicht lieblos, grausam oder verachtend ist. Es soll lustig klingen! Sagt jemand „ich finde das *nicht* lustig!“ dann ist auch alles klar. Kriegt jemand einen ironischen Witz in den falschen Hals, ist das meist sofort am fehlenden Lächeln erkennbar. Zurücknehmen geht leider nicht mehr.

Jetzt noch schnell einen *Entschärfer* nachschicken:
„Kleiner Scherz am Rande.“, „Du weißt wie's gemeint war.“, „War nur ein Witz!“, „Nicht ernst nehmen – o.k.?“

Zugegeben, einige Themen in diesem Buch sind ernsterer Natur. Bei Krisen oder drohender Gewalt hat man wahrscheinlich auch nicht viel zu lachen.
Dennoch gibt es überraschend viele Bereiche, in denen Humor und eine gesunde Portion Witz Wunder wirken!

Wortspiel, Ironie und Übertreibung

Mit einem *Wortspiel* dreht man das Wort im Mund des Zynikers einfach um.
Bei *Ironie* wird zum Schein das Gegenteil dessen behauptet, was gemeint ist.
Übertreibung ist eine stark überzeichnete Darstellung des Sachverhalts.

In allen Fällen wird dem Empfänger sofort klar, dass das nicht ernst gemeint sein kann. Wenn ich mich selbst zum Beispiel absichtlich in ein viel schlechteres Licht rücke oder der anderen Person einen über die Maßen fabelhaft-genialen Anstrich gebe – wer soll sich schon beklagen?

Eine gesunde Portion Humor kann zwischenmenschliche Gereiztheit sofort entspannen.

Eine entstellte, ironische oder übertriebene Äußerung wird als schlagfertiger Konter gewertet, und die vorausgegangene Anschuldigung mit Humor überspielt.

Einige Beispiele:

- „Das Denken ist nicht deine Stärke, glaube ich." **„Stimmt, so ein begnadeter Denker wie du bin ich leider nicht."**
- „Du Rhinozeros!" **„Du meinst, ich stehe für Kraft und Stabilität in diesem Unternehmen?"**
- „Sie bauen nur Mist! Was für ein hirnverbrannter Schwachsinn!" **„Der deutsche Dichter Ringelnatz sagte einmal: *Humor ist der Knopf, der verhindert, dass uns der Kragen platzt.*"**
- „Du bist wohl in die Baumschule gegangen!" **„Schule? Was ist das?"**
- „Pünktlichkeit ist für dich ein Fremdwort!" **„Korrekt! Es kommt aus dem Lateinischen, von *punctum*."**
- „Du bringst mich auf die Palme!" **„Wenn Du Kokosnüsse willst, kenn' ich einen leichteren Weg!"**
- „Gib schon her! Du hast wirklich zwei linke Hände!" **„Und wenn du zwei *Rechte* hast, dann sind wir zusammen ein unschlagbares Team!"**

Die Kraft des Lächelns

Etwa die Hälfte unserer 30 Gesichtsmuskeln sind zum Lächeln da! Wenn wir lächeln, gehen erfahrungsgemäß auch die Mundwinkel unseres Gesprächspartners reflexartig nach oben. Heiterkeit und Lebensfreude springt auf andere über, wie die Lachkonserve einer amerikanischen Sitcom auf die Leute vor den Bildschirmen. Lachen wird außerdem als Ausdruck von Sympathie und gegenseitigem Einverständnis gewertet. Und was für uns in diesem Zusammenhang das Wichtigste ist:

Lächeln beruhigt, besänftigt und entwaffnet!!!

Epilog

… denn auch der Wind nimmt sich von selbst aus den Segeln

Mich persönlich irritiert immer wieder das Etikett *„harmoniebedürftiger* Mensch". Sind wir denn nicht alle ganz tief drinnen *harmoniebedürftig*? Gibt es im Gegensatz dazu auch *dis*harmoniebedürftige Personen?
Freilich gibt es Leute, die in manchen Phasen ihres Lebens nicht im Einklang mit sich selbst und ihrer Umwelt stehen und so Streit vom Zaun brechen. Ursachen und destruktive Ausdrucksformen sind dabei individuell verschieden.
Doch das Grundbedürfnis nach Harmonie – steckt das nicht in uns allen?

Es gibt sogar viele menschliche Gesellschaften und Volksgruppen, die durchaus nicht aggressiv sind, sondern erstaunlich friedlich und hilfsbereit. Beispiele finden sich in Südindien, auf Tahiti, in Tansania, im Pazifischen Ozean, auf Neuguinea, man denke auch an die Lappen im hohen Norden.

Als beispielsweise Anfang der 70er Jahre auf den Philippinen der isoliert lebende Stamm der *Tasaday* untersucht wurde, erkannte man, dass es in ihrer Sprache kein einziges Wort für „kämpfen" gab. So etwas wie Krieg, Gewalt oder Streitigkeiten war ihnen völlig fremd.

Wie man auch darüber denken mag, es ist jedenfalls bemerkenswert, dass von der Zivilisation abgetrennt lebende Menschen solch hohe moralisch-ethische Normen kennen, wogegen sich unsere sogenannte „zivilisierte“ Gesellschaft mit ernsten zwischenmenschlichen Problemen herumschlägt.

Wir sind zwar als Einzelne nicht in der Position, diese Welt zu verbessern, trotzdem können wir fürs Erste unser eigenes Umfeld erträglicher und angenehmer gestalten. Nur wer sich zum Mitkämpfen hinreißen lässt, bringt den Teufelskreis ins Rollen.
Schon meine Oma sagte: „Zum Streiten gehören immer zwei!“ Wer's nicht glaubt, soll's ruhig ausprobieren ...
Einfach nicht mitmachen und staunen, wie schnell ein Angriff im Sand verläuft!

Dabei sollten wir keinesfalls *konfliktscheu* werden. Bei ungelösten Konflikten, die tief drinnen brodeln, kommt es nämlich früher oder später zum Vulkanausbruch. Das regelmäßige Verleugnen eigener Werte und Bedürfnisse nur um der Harmonie willen ist zweifellos kein Lösungsansatz.

Viele wissen aus eigener Erfahrung, dass eine Gemeinschaft oder Partnerschaft nur funktionieren kann, wenn gewisse wertschätzende Regeln erfüllt werden, ob in der Familie, unter Kollegen oder Kunden gegenüber.

Soft Skills sind menschliche Fähigkeiten und Charaktereigenschaften, die nötig und förderlich sind, um solche tragfähigen Beziehungen aufzubauen. Je höher die soziale Kompetenz, desto besser gelingt es auch Spannungen auszuräumen.

Alle in diesem Buch erwähnten Methoden und Strategien haben auch diesen speziellen *Cool-down-Effekt*, damit sich unser Gegenüber selbst wieder auf ein konstruktives Gesprächsniveau herunterschrauben kann. Die Behandlung der *Spannungsursache* kann dabei durch nichts ersetzt werden. Sonst gleichen wir nämlich dem Autofahrer, der beim Fahren merkwürdige Motorgeräusche wahrnimmt und zur Problembehandlung einfach das Autoradio lauter stellt. Konzentriert sich allerdings unser Fokus auf den *Grund* für die Missstimmung, führt das gleich direkt zum Ziel.

Also – nicht den Wind aus den Segeln nehmen, sondern dazu beitragen, dass der scharfe Wind überhaupt aufhört zu blasen!

Wir versuchten einmal, mit einer Yacht bei hohem Wellengang direkt am Hafen-Kai anzulegen. Dabei verbog es nicht nur die Reling, sondern es wurde auch ein Mann eingeklemmt und verletzt. Solche erzwungenen Aktionen bringen einfach nichts!
Besser, zuerst in sicherem Abstand vor Anker gehen, und abwarten bis Ruhe eingekehrt ist. Dann ist das Steuern in den sicheren Hafen ein Leichtes, und nichts wird passieren, niemand wird verletzt!

Sind Sie immer noch einer von der hartnäckigen Sorte, denen diese Art von *Soft Skills zu* „soft“ erscheinen? Meine paradox-ironische Antwort an Sie:
(S. 54–57, 94–98)

„Kontern Sie ruhig weiter wie bisher! Verletzen und demütigen Sie alle, die Ihnen nicht zu Gesicht stehen! Boxen und schlagen Sie mit Worten um sich was das Zeug hält!
Sie werden *bestimmt* als siegreicher Held gefeiert!“

Der Autor

Axel Santer ist ein „waschechter“ Salzburger.
Er lernt für sein Leben gern und bereichert gern das Leben anderer!
Ob als Verkäufer, Dienstleister oder Berater – seine Kernkompetenz liegt im direkten Kundenkontakt – insbesondere zu den schwer zufriedenzustellenden und ungehaltenen. Er hat aus der Praxis heraus ein klares Bild von einem funktionierenden Team und davon, wie gute Führungsarbeit beflügelt und zusammenschweißt. Als zweifacher Familienvater hat er auch eine weitere Dimension sprachlicher Herausforderungen kennen- und verstehen gelernt.

Der Autor ist Teil eines renommierten Trainernetzwerkes und leitet Seminare in verschiedenen Unternehmen und Trainingsinstituten. Es liegen ihm ferner Themen über kreatives und effizientes Arbeiten am Herzen: Mind Maps, Schnelllesetechniken, Kreativitätsmethoden zur Ideenfindung und Problemlösung.
Die Trainertätigkeit vereint optimal seine Vorlieben und Stärken – wie kreatives Denken, Design und vor allem die nutzbringende Arbeit mit Menschen.

Die Sprache gehört für Axel Santer immer wieder aufs Neue zu den spannendsten und erstaunlichsten Komponenten des Lebens. Sie ist – gleich unserem Gehirn – einfach unerschöpflich!

Spezieller Dank …

… gilt meiner Familie, sowie

Waltraud Ettl, Ing. Wolfgang Peter Hruby, Käthe Karner, Hannes Lenz (MAS), Alfred Paukner, Mag. Margit Schmied, Michael und Verena Smech, Mag. Christoph Steurer …

… und dem Leykam-Team mit Dr. Wolfgang Hölzl und Mag. Christine Wiesenhofer.

Kontakt

Möchten Sie uns Ihre Erfolgsgeschichten mitteilen, haben Sie spezielle Anliegen, oder wünschen Sie sich gerne Informationen zu Seminarthemen – dann wenden Sie sich bitte an ...

TRAINTRAIN
Persönlichkeitstraining

Axel Santer
Griesstraße 2
5450 Werfen
Austria

+43 676/9171670
office@traintrain.at

Besuchen Sie uns auch im Internet unter ...

www.traintrain.at

Stichwortverzeichnis

Fettgedruckte Seitenzahl – Hauptseite
Blaue Seitenzahl – reines Praxisbeispiel
f – und die folgende Seite
ff – und die fortfolgenden Seiten

Text und Flipchart-Illustrationen: Axel Santer
Umschlaggestaltung und Layout: TRAINTRAIN®
Inhaber Axel Santer
Gesamtherstellung: Leykam Buchverlag

ISBN 978-3-7011-7675-5
www.leykamverlag.at